Curso

La diferencia entre aprobar
y sacar plaza

Técnico/a en Farmacia

SERVICIO DE SALUD DE CASTILLA Y LEÓN (SACYL)

Accede a tu **Curso MAD360** y disfruta de los siguientes recursos:

- Técnicas de Memoria 360.
- Test *online*.
- Temario en formato digital.
- Planificación de estudio.
- Foro entre opositores hasta la fecha del examen.*
- Recursos y novedades exclusivas.
- Consulta sobre la oposición y el proceso selectivo.
- Actualizaciones legislativas (Boletines Oficiales) hasta 60 días antes de la fecha del examen.*

Para acceder al Curso MAD360** será necesaria la compra de todos los libros para esta especialidad de la edición 2023.

Valida los códigos que encuentras en la última página de tus libros y disfruta de la experiencia MAD360.

Infórmate en: mad.es/registro-campus

NOTA IMPORTANTE:

* Examen de esta categoría profesional correspondiente a la convocatoria publicada en el BOCYL n.º 232, de 4 de diciembre de 2023, o hasta el 31 de diciembre del 2024, lo que se cumpla antes.

** El acceso al CURSO MAD360 estará disponible desde enero de 2024 (algunos recursos podrían estar disponibles en fecha posterior). Tendrá una duración de 365 días, desde la validación de códigos, o hasta el 30 de junio del 2025, lo que se cumpla antes.

MAD se reserva el derecho a ampliar dichas fechas.

Técnico/a en Farmacia del Servicio de Salud de Castilla y León (SACYL)

Enero, 2024

Técnico/a en Farmacia del Servicio de Salud de Castilla y León (SACYL)

Test del temario

sie7e
EDITORES

M.ª JOSÉ GARCÍA BERMEJO
Licenciada en Biología
Técnico Superior en Laboratorio de Diagnóstico Clínico

ROBERTO SALAMANCA CRIADO
Licenciado en Derecho

FRANCISCO JESÚS TORRES FONSECA
Licenciado en Derecho

© 7 Editores Recursos para la Cualificación Profesional y el Empleo, S.L. (7 Editores)
© Los autores
Primera edición, enero 2024 (312 páginas)
Derechos de edición reservados a favor de 7 Editores
IMPRESO EN ESPAÑA
Diseño Portada: 7 Editores
Edita: 7 Editores
Avda. San Francisco Javier, 9 · Edificio Sevilla 2 · Planta 11 · Módulos 25-27 · 41018 Sevilla
Teléfono: 954 784 411 · WEB: www.mad.es · e-mail: administracion@7editores.com
ISBN: 978-84-142-7750-8
© "Editorial Mad" y "Eduforma" son nombres comerciales registrados de
7 Editores Recursos para la Cualificación Profesional y el Empleo, S.L.

Índice

TEST N.º 1

Estructura de la Consejería de Sanidad. Reglamento de la Gerencia Regional de Salud de Castilla y León. Estructura orgánica de los servicios centrales y periféricos de la Gerencia Regional de Salud

1. Compete a la Consejería de Sanidad, bajo la superior dirección del Consejero:

a) La dirección de la política sanitaria.
b) La ejecución de la política sanitaria.
c) La promoción de la política sanitaria.
d) Todas las anteriores.

2. De los que se enumeran, ¿cuál es un órgano directivo central de la Consejería de Sanidad actualmente?

a) La Dirección General de Salud Pública.
b) Dirección General de Asistencia Sanitaria.
c) El Servicio de Epidemiología.
d) La Intervención Delegada.

3. ¿Quién preside el Consejo de Dirección de la Consejería?

a) El titular de la Consejería.
b) El Secretario General.
c) El Director General competente en función de la materia a tratar.
d) Todas son falsas.

4. ¿Qué órgano de la Consejería de Sanidad es el encargado de la tramitación de los expedientes de contratación en materias propias de la Consejería?

a) La Dirección General de Salud Pública.
b) La Agencia de Protección de la Salud y Seguridad Alimentaria.
c) La Dirección General de Planificación Sanitaria, Investigación e Innovación.
d) La Secretaría General.

5. ¿Qué competencia de las que se enumeran no está atribuida a la Secretaría General de la Consejería de Sanidad de Castilla y León?

a) La coordinación e impulso de las publicaciones de la Consejería.

b) La realización y coordinación de estadísticas en materia sanitaria, incluido el seguimiento de estas.

c) La coordinación interadministrativa de todos los órganos de la Consejería y de la Gerencia Regional de Salud, así como las derivadas de la adscripción de ésta a la Consejería.

d) La información y educación en materia de consumo.

6. No es una competencia de la Secretaría General:

a) La gestión de los recursos informáticos de la Consejería.

b) La realización y coordinación de estadísticas en materia sanitaria, incluido el seguimiento de las mismas.

c) La difusión de la política sanitaria desarrollada por la Consejería y el estímulo a la participación y colaboración de la sociedad en aquélla.

d) La realización sistemática de acciones para la educación sanitaria de la población, y la promoción de hábitos saludables.

7. No es una unidad administrativa adscrita a la Secretaría General:

a) El Servicio de Estudios, Documentación y Estadística.

b) El Servicio de Informática.

c) El Servicio de Prevención de Riesgos Laborales.

d) El Servicio de Evaluación, Normativa y Procedimiento.

8. De las siguientes unidades administrativas, ¿Cuál no tiene rango de Servicio?:

a) El Servicio de Personal.

b) La Unidad de Archivo Central.

c) El Servicio de Gestión de Recursos Comunes.

d) La Asesoría Jurídica.

9. El soporte y apoyo técnico a la Unidad del Archivo Central, corresponde a:

a) El Servicio de Gestión de Recursos Comunes.

b) El Servicio de Personal.

c) El Servicio de Informática.

d) Todas son falsas.

10. Para el ejercicio de sus funciones, ¿de cuántos negociados dispone la Asesoría Jurídica?

a) Un negociado.

b) Dos negociados.

c) Tres negociados.
d) Ningún negociado.

11. La preparación del anteproyecto de presupuesto corresponde a:

a) La Oficina de Gestión Económica y Control Presupuestario.
b) El Servicio de Personal.
c) El Servicio de Gestión de Recursos Comunes.
d) El Servicio de Compras Sanitarias.

12. La gestión y control interno de la publicación en el «Boletín Oficial de Castilla y León» de las disposiciones y actos administrativos, corresponde:

a) Al Servicio de Estudios, Documentación y Estadística.
b) Al Servicio de Evaluación, Normativa y Procedimiento.
c) A la Unidad de Archivo Central.
d) Al Servicio de Informática.

13. No es una competencia del Servicio de Informática:

a) La supervisión del nivel de servicio a los usuarios de los recursos informáticos.
b) La planificación de las estrategias informáticas de I+D+I.
c) El análisis de necesidades sobre dotaciones informáticas
d) El mantenimiento de los proyectos informáticos implantados en la Consejería.

14. ¿De qué año es el Decreto que establece la actual estructura orgánica de la Consejería de Sanidad de Castilla y León?

a) 2012.
b) 2017.
c) 2022.
d) 2005.

15. En concreto, ¿qué norma de la Junta de Castilla y León establece la estructura orgánica de la Consejería de Sanidad?

a) El Decreto 12/2022.
b) El Decreto 26/2022.
c) El Decreto 77/2007.
d) Todos los anteriores son falsos.

16. El establecimiento, definición, gestión funcional y explotación de los registros y sistemas de información necesarios para la vigilancia en salud pública, corresponde a:

a) El Director General de Salud Pública.
b) El Consejero de Sanidad.

c) El Secretario General de la Consejería.

d) El Gerente Regional de Salud.

17. Son competencias de la Dirección General de salud Pública:

a) La realización sistemática de acciones para la educación para la salud de la población, y la promoción de hábitos saludables.

b) El control sanitario de los riesgos para la salud derivados de la contaminación del medio en el que se desenvuelve la vida, así como de los alimentos y productos alimenticios.

c) Las respuestas a) y b) son correctas.

d) Las respuestas a) y b) son falsas.

18. Es una unidad administrativa de la Dirección General de Salud Pública:

a) El Servicio de Promoción de la Salud y Salud Laboral.

b) El Servicio de Ordenación Sanitaria.

c) El Servicio de Seguridad Alimentaria.

d) Todas son correctas.

19. Compete al Servicio de Vigilancia en Salud Pública:

a) El establecimiento, definición, gestión funcional y explotación de los registros y sistemas de información necesarios para el desarrollo de la vigilancia en salud pública.

b) La realización de estudios específicos sobre los problemas y determinantes de la salud en el ámbito territorial de la Comunidad de Castilla y León.

c) El fomento, promoción, desarrollo y evaluación de acciones de investigación en el ámbito de la salud pública.

d) Todas son correctas.

20. Forma parte de las funciones del Servicio de Evaluación de Riesgos y Procesos:

a) La elaboración, gestión y evaluación de los programas de vacunación, así como de actividades de prevención y profilaxis para viajes internacionales.

b) Las derivadas del ejercicio de la autoridad sanitaria en las actividades de prevención de la enfermedad.

c) La realización de estudios sobre los determinantes de la salud en el ámbito territorial de la Comunidad Autónoma.

d) Todas son falsas.

21. Cuál de las siguientes unidades administrativas forma parte del Servicio de Salud Ambiental:

a) La Sección de Vacunas.

b) La Sección de Control de Enfermedades Transmisibles.

c) La Sección de Vigilancia Epidemiológica.

d) Ninguna de ellas son unidades administrativas que formen parte del Servicio.

22. La elaboración, organización, gestión y evaluación de los programas de vigilancia y control oficial sanitario de riesgos alimentarios en origen y en destino, así como de sus sistemas de información, es competencia de:

a) La Secretaría General.
b) El Servicio de Seguridad Alimentaria de la Dirección General de Salud Pública.
c) El Servicio de Salud Ambiental de la Dirección General de Salud Pública.
d) La Gerencia Regional de Salud.

23. El Servicio de Prospección Sanitaria y Gobernanza está encuadrado en la estructura de:

a) La Dirección General de Planificación Sanitaria, Investigación e Innovación.
b) La Dirección General de Personal y Desarrollo Profesional.
c) La Secretaria General.
d) Todas son falsas.

24. La Gerencia Regional de Salud tiene por finalidad:

a) Ejercer las competencias de regulación de servicios sanitarios de carácter asistencial y de atención a la salud de la Comunidad de Castilla y León.
b) Ejercer las competencias de administración y gestión de prestaciones sociales de la Comunidad de Castilla y León.
c) Ejercer las competencias de administración y gestión de programas privados sanitarios de carácter asistencial y de atención a la salud de la Comunidad de Castilla y León.
d) Todas son falsas.

25. La Gerencia Regional de Salud elaborará y desarrollará en el ámbito asistencial:

a) Un Plan de Administración.
b) Un Plan de Prevención.
c) Un Plan de Gestión.
d) Un Plan Anual de Intervención.

26. La duración del Plan anterior será

a) Anual.
b) Semestral.
c) Bianual.
d) Trianual.

27. Tiene la consideración de órgano participación de la Gerencia Regional de Salud

a) El Presidente.
b) Las Direcciones Generales.

c) El Director Gerente.
d) La Comisión Permanente del Consejo Castellano y Leonés de Salud.

28. Podrán constituirse Unidades de Gestión Clínica:

a) En el ámbito de la organización periférica de la Gerencia Regional de Salud.
b) Dentro de las Direcciones Generales.
c) Dependientes del Presidente.
d) Todas son correctas.

29. El Presidente de la Gerencia Regional de Salud será:

a) El Presidente de la Junta de Castilla y León.
b) El titular de la Consejería competente en materia de Sanidad.
c) Diferente del titular de la Consejería competente en materia de Sanidad.
d) El Secretario General de la Consejería competente en materia de Sanidad.

30. No es competencia del Director Gerente de la Gerencia Regional de Salud:

a) Aprobar la Memoria Anual de la Gerencia Regional de Salud.
b) Prestar asistencia técnica al Presidente de la Gerencia Regional de Salud en cuantos asuntos éste considere convenientes.
c) Proponer al Presidente de la Gerencia Regional de Salud la resolución que estime procedente en los asuntos de su competencia cuya tramitación le esté encomendada
d) Coordinar, bajo la dirección del Presidente de la Gerencia Regional de Salud, el desarrollo de los programas de las Direcciones Generales y entidades vinculadas a la Gerencia Regional de Salud

31. ¿A quién corresponde la jefatura superior del personal de la Gerencia Regional de Salud?

a) Al presidente.
b) Al Director Gerente.
c) Al Secretario General.
d) Todas son falsas.

32. El Director Económico Presupuestario y Financiero será:

a) El titular de la Secretaría General de la Consejería competente en materia de Sanidad.
b) El titular de la de la Consejería competente en materia de Sanidad.
c) El viceconsejero competente en materia de Sanidad.
d) Todas son falsas.

33. Los titulares de las Direcciones Generales de la Gerencia Regional de Salud serán nombrados:

a) Por la Junta de Castilla y León.
b) Por el Consejero de Sanidad.

c) Por el Director Gerente.
d) Por el Secretario General.

34. Las Direcciones Generales de la Gerencia Regional de Salud se estructuran:

a) En Direcciones Técnicas y el resto de los órganos y unidades administrativas que se determinen.
b) En Servicios.
c) En Unidades Técnicas.
d) En Áreas.

35. La elaboración de la propuesta de relación de puestos de trabajo del personal adscrito a la Gerencia Regional de Salud, compete:

a) A la Dirección General de Asistencia Sanitaria y Humanización.
b) A la División Médica.
c) A la Dirección General de Personal y Desarrollo Profesional.
d) Al Gerente.

36. Las Gerencias de Asistencia Sanitaria serán creadas:

a) Mediante Ley.
b) Mediante Decreto de la Junta de Castilla y León.
c) Mediante Orden.
d) Mediante Resolución motivada.

37. Las Gerencias de Asistencia Sanitaria dependen orgánicamente:

a) Del Presidente de la Gerencia Regional de Salud.
b) Del Director General de Asistencia Sanitaria.
c) Del Director Gerente.
d) Ninguna es correcta.

38. La estructura y organización de las Gerencias de Asistencia Sanitaria se desarrollará:

a) Mediante Ley.
b) Mediante Decreto.
c) Mediante Orden de la Consejería competente en materia Sanidad.
d) Todas son falsas.

39. Corresponde al Gerente de Asistencia Sanitaria en el ámbito de su Área de Salud:

a) La dirección y gestión de los recursos humanos, económicos, materiales y financieros adscritos a la Gerencia de Asistencia Sanitaria.
b) El impulso y fomento de la docencia.

c) El impulso de un sistema de información integrado que garantice la gestión integrada y el seguimiento de los procesos.

d) Todas son correctas.

40. No ponen fin a la vía administrativa:

a) Los actos del Presidente.

b) Los actos del Director Gerente y los Directores Generales en materia presupuestaria.

c) Los actos de los órganos inferiores en los casos en que resuelvan por delegación de otros órganos cuyas resoluciones pongan fin a la vía administrativa.

d) Las resoluciones dictadas en los recursos de alzada.

41. La Gerencia Regional de Salud, dispondrá de una Tesorería Delegada:

a) Con rango de servicio.

b) Encargada de gestionar los recursos financieros de la Gerencia Regional de Salud.

c) Encargada de realizar los pagos de la Gerencia Regional de Salud.

d) Todas son correctas.

42. ¿Cuál de las siguientes afirmaciones, referidas a la Gerencia Regional de Salud, no es correcta?

a) Aunque su estructura ha cambiado, su funcionamiento es idéntico al del momento de su creación.

b) Se ha venido reorganizando para adecuarla a la incorporación progresiva de las competencias en materia de sanidad y asistencia sanitaria a la Comunidad de Castilla y León.

c) El punto culminante de su adaptación se produce con el Decreto 287/2001.

d) El elemento más importante de su adaptación es la atribución a la Comunidad de Castilla y León la competencia en la gestión de la asistencia sanitaria de la seguridad social y el posterior traspaso de las funciones y servicios del Instituto Nacional de Salud.

43. La reorganización de la estructura de la Gerencia Regional de Salud busca:

a) La mayor autonomía posible dentro de la administración regional.

b) La mayor integración posible con la Consejería de Sanidad a la que se encuentra adscrita.

c) La mayor integración posible con el Ministerio de Sanidad.

d) Todas son correctas.

44. La Gerencia Regional de Salud tiene carácter de:

a) Entidad Pública empresarial.

b) Organismo Autónomo.

c) Entidad jurídica privada.

d) Centro Regional de recursos.

45. La reorganización de la estructura de la Gerencia Regional de Salud busca:

a) Una mejor distribución de competencias que podrán desarrollarse de manera más eficiente y coordinada.
b) La racionalización de la estructura periférica.
c) Lograr la continuidad, integración y coordinación funcional entre los niveles asistenciales de primaria y especializada.
d) Todas son correctas.

46. ¿A quién sustituyeron las Gerencias de Asistencia Sanitaria?

a) A las Gerencias de Atención Primaria.
b) A las Gerencias de Atención Especializada.
c) A las Gerencias de Salud de Área.
d) A ninguna de las anteriores.

47. Señala la respuesta correcta:

a) La Gerencia Regional de Salud no es un organismo autónomo.
b) La Gerencia Regional de Salud tiene personalidad jurídica y patrimonio indiferenciados de la Consejería de Sanidad.
c) La Gerencia Regional de Salud tiene plena capacidad de obrar para el cumplimiento de sus fines.
d) La tesorería de la Gerencia Regional de Salud es la de la Consejería de Sanidad.

48. ¿Por qué normativa se rige la Gerencia Regional de Salud en lo relativo a la determinación de los beneficiarios, requisitos e intensidad de la acción protectora?

a) Por la normativa general de la Seguridad Social.
b) Por la Ley de Ordenación del Sistema de Salud de Castilla y León.
c) Por las Leyes anuales de presupuestos de la Comunidad de Castilla y León.
d) Por la Ley de Patrimonio de la Comunidad de Castilla y León.

49. ¿Cuál es el instrumento de trabajo por el cual se vinculan de forma directa las relaciones de la Gerencia Regional de Salud y sus centros e instituciones?

a) Los Planes.
b) Las circulares.
c) Los programas.
d) Las respuestas a) y c) son correctas.

50. ¿Cuál de los siguientes órganos centrales de la Gerencia Regional de Salud no es unipersonal?

a) Presidente.
b) Director Gerente.
c) Director económico.
d) Comisión Permanente.

Solución al test n.º 1

1. d) Todas las anteriores.

2. a) La Dirección General de Salud Pública.

3. a) El titular de la Consejería.

4. d) La Secretaría General.

5. d) La información y educación en materia de consumo.

6. d) La realización sistemática de acciones para la educación sanitaria de la población, y la promoción de hábitos saludables.

7. c) El Servicio de Prevención de Riesgos Laborales.

8. b) La Unidad de Archivo Central.

9. a) El Servicio de Gestión de Recursos Comunes.

10. d) Ningún negociado.

11. a) La Oficina de Gestión Económica y Control Presupuestario.

12. b) Al Servicio de Evaluación, Normativa y Procedimiento.

13. b) La planificación de las estrategias informáticas de I+D+I.

14. c) 2011.

15. a) El Decreto 36/2011.

16. a) El Director General de Salud Pública.

17. c) Las respuestas a) y b) son correctas.

18. d) Todas son correctas.

19. d) Todas son correctas.

20. d) Todas son falsas.

21. d) Ninguna de ellas son unidades administrativas que formen parte del Servicio.

22. b) El Servicio de Seguridad Alimentaria de la Dirección General de Salud Pública.

23. a) La Dirección General de Planificación y Asistencia Sanitaria.

24. d) Todas son falsas.

25. c) Un Plan de Gestión.

26. a) Anual.

27. d) La Comisión Permanente del Consejo Castellano y Leonés de Salud.

28. a) En el ámbito de la organización periférica de la Gerencia Regional de Salud.

29. b) El titular de la Consejería competente en materia de Sanidad.

30. a) Aprobar la Memoria Anual de la Gerencia Regional de Salud.

31. b) Al Director Gerente.

32. a) El titular de la Secretaría General de la Consejería competente en materia de Sanidad.

33. a) Por la Junta de Castilla y León.

34. a) En Direcciones Técnicas y el resto de los órganos y unidades administrativas que se determinen.

35. c) A la Dirección General de Personal y Desarrollo Profesional.

36. b) Mediante Decreto de la Junta de Castilla y León.

37. a) Del Presidente de la Gerencia Regional de Salud.

38. c) Mediante Orden de la Consejería competente en materia Sanidad.

39. d) Todas son correctas.

40. b) Los actos del Director Gerente y los Directores Generales en materia presupuestaria.

41. d) Todas son correctas.

42. a) Aunque su estructura ha cambiado, su funcionamiento es idéntico al del momento de su creación.

43. b) La mayor integración posible con la Consejería de Sanidad a la que se encuentra adscrita.

44. b) Organismo Autónomo.

45. d) Todas son correctas.

46. c) A las Gerencias de Salud de Área.

47. c) La Gerencia Regional de Salud tiene plena capacidad de obrar para el cumplimiento de sus fines.

48. a) Por la normativa general de la Seguridad Social.

49. d) Las respuestas a) y c) son correctas.

50. d) Comisión Permanente.

TEST N.º 2

Modalidades de la asistencia sanitaria. La Atención Primaria de la Salud, los Equipos de Atención Primaria, el Centro de Salud y la Zona Básica de Salud. La Atención Especializada: centros y servicios dependientes de la misma. Los órganos directivos, la estructura y organización de los hospitales

1. Tal y como establece el artículo 56 de la Ley General de Sanidad, ¿qué Administración delimita y constituye en su territorio demarcaciones territoriales denominadas Áreas de Salud, en las que se organiza un sistema sanitario coordinado e integral?

a) La Administración Central.
b) Las Comunidades Autónomas.
c) Los Ayuntamientos.
d) El sector público institucional.

2. Las Áreas de Salud serán dirigidas por un órgano propio, donde deberán participar las Corporaciones Locales en ellas situadas con una representación:

a) Inferior al 20 por 100.
b) Inferior al 30 por 100.
c) No inferior al 40 por 100.
d) No se establece ningún porcentaje exacto.

3. El Área de Salud extenderá su acción a una población no inferior a:

a) 200.000 habitantes ni superior a 250.000.
b) 100.000 habitantes ni superior a 150.000.
c) 150.000 habitantes ni superior a 200.000.
d) Superior a 250.000 habitantes.

4. El Área de Salud en las ciudades de Ceuta y Melilla:

a) Tendrán la misma regla establecida por número de habitantes.
b) Podrá acomodarse a sus específicas peculiaridades.

c) Tendrá como máximo un Área de Salud.
d) Ninguna es correcta.

5. En relación a las Zonas Básicas de Salud es cierto que:

a) La Zona Básica de Salud delimita una Zona Médica, y está constituida por un solo Partido Médico.
b) Desarrollan las actividades sanitarias, los centros integrales de atención especializada.
c) Cada Zona Básica de Salud se divide territorialmente en Áreas de Salud.
d) Todas son correctas.

6. Como norma general, la Zona Básica de Salud abarcará a una población comprendida entre:

a) Los 1.000 y 5.000 habitantes.
b) Los 5.000 y 15.000 habitantes.
c) Los 5.000 y 25.000 habitantes.
d) Los 10.000 y 20.000 habitantes.

7. Excepcionalmente y cuando las circunstancias demográficas así lo aconsejen, la Zona Básica de Salud, podrá abarcar a una población superior a:

a) Los 25.000 habitantes.
b) Los 50.000 habitantes.
c) Los 75.000 habitantes.
d) Los 100.000 habitantes.

8. En la delimitación de las zonas básicas ¿qué se debe tener en cuenta?

a) El grado de concentración o dispersión de la población.
b) Las instalaciones y recursos sanitarios de la Zona.
c) Las características epidemiológicas de la Zona.
d) Todas son correctas.

9. Según el artículo 6 del Real Decreto 137/1984, de 11 de enero, sobre estructuras básicas de salud, la dedicación del personal sanitario del EAP será de:

a) 37 horas semanales.
b) 39 horas semanales.
c) 40 horas semanales.
d) 41 horas semanales.

10. El artículo constitucional que regula el derecho de todos los ciudadanos a la protección de su salud, es:

a) 43.
b) 44.

c) 45.
d) 46.

11. ¿Cuál de las siguientes áreas de actividad se adscribe a la División de Gestión y Servicios Generales de los hospitales?

a) Orden interno y seguridad.
b) Unidades especiales.
c) Servicios centrales.
d) Documentación y archivo clínico.

12. El Reglamento sobre estructura, organización y funcionamiento de los hospitales tiene rango de:

a) Ley.
b) Decreto Legislativo.
c) Real Decreto.
d) Resolución.

13. Entre las Áreas de actividad de la División Médica, no se encuentra:

a) Servicios centrales.
b) Documentación y archivo clínico.
c) Hospitalización de día.
d) Consultas externas.

14. ¿A quién le corresponde en el hospital proponer, dirigir, coordinar y evaluar las actividades y calidad de la asistencia, docencia e investigación.?

a) Al Director de Gestión y Servicios Generales.
b) Al Director de Enfermería.
c) Al Director Médico.
d) Al Subdirector de División.

15. Conforme al artículo 16 del Real Decreto 521/1987, de 15 de abril, por el que se aprueba el Reglamento sobre Estructura, Organización y Funcionamiento de los Hospitales gestionados por el Instituto Nacional de la Salud, ¿en qué casos podrán crearse los puestos de Subdirector Gerente y Subdirectores de División?

a) Cuando así esté establecido presupuestariamente.
b) Cuando las necesidades de la gestión así lo aconsejen.
c) Solo en caso de enfermedad del correspondiente Director.
d) Ninguna es correcta.

16. Entre los órganos de asesoramiento de los órganos de dirección del hospital no se encuentra la siguiente Comisión:

a) Junta Técnico-Asistencial.
b) Comisión Central de Garantía de la Calidad.
c) Comisión de Bienestar Social.
d) Comisión de Participación Ciudadana.

17. En relación a la Comisión de Participación Ciudadana no es cierto que:

a) Es un órgano de participación comunitaria en la programación, control y evaluación de la gestión y de la calidad de la asistencia prestada por el Instituto Nacional de la Salud en el ámbito del Sector Sanitario.
b) Fue creado mediante Resolución en 1990.
c) Se creó a nivel de Sector Sanitario.
d) Ninguna es incorrecta.

18. Los Vocales, que componen la Junta Técnico-Asistencial, electos por votación directa serán elegidos por un periodo de:

a) Un año.
b) Dos años.
c) Tres años.
d) Cuatro años.

19. Según el artículo 21.5 del Real Decreto 521/1987, ¿cada cuánto tiempo debe reunirse como mínimo la Junta Técnico-Asistencial?

a) Seis veces al año.
b) Cinco veces al año.
c) Cuatro veces al año.
d) Tres veces al año.

20. ¿Cómo se denomina el organismo técnico de elaboración y trabajo en las áreas de Calidad Asistencial y Adecuación Tecnológica que actúa como órgano de asesoramiento permanente a la Dirección Médica y a la Junta Técnico-Asistencial?

a) Comisión de Bienestar Social.
b) Comisión Central de Garantía de la Calidad.
c) Comisión de Innovación Tecnológica.
d) Comisión Tecnológica y Asistencial.

21. En relación a la Comisión Central de Garantía de la Calidad, y a los miembros de sus Comisiones Clínicas, estos no deben superar el número de:

a) Cinco.
b) Seis.

c) Siete.
d) Ocho.

22. La libertad de empresa en el marco de la economía de mercado, se regula en la Constitución, en su artículo:

a) 34.
b) 36.
c) 38.
d) 39.

23. Entre las instituciones sanitarias abiertas no se encuentra:

a) Las ciudades sanitarias.
b) Los ambulatorios.
c) Los consultorios de medicina general.
d) Los centros de diagnóstico y tratamiento.

24. Según el artículo 65.2 de la Ley General de Sanidad, cuál es el establecimiento encargado tanto del internamiento clínico como de la asistencia especializada y complementaria que requiera su zona de influencia:

a) El hospital.
b) El centro de especialidades.
c) El centro de salud.
d) El centro de diagnóstico y tratamiento.

25. Señala la respuesta correcta en relación a la Comisión de Bienestar Social del hospital:

a) Es un órgano unipersonal.
b) Su Presidente es el Director Gerente.
c) El Director de Enfermería será su Vicepresidente.
d) Se compondrá de cinco Vocales.

26. ¿A qué órgano del hospital le corresponde analizar la información recogida por el Servicio de Atención al Paciente?

a) A la Comisión de Bienestar Social.
b) A la Comisión Central de Garantía de la Calidad.
c) A la Junta Técnica-Asistencial.
d) A las Comisiones de Participación Ciudadana.

27. La Comisión de Dirección, órgano colegiado de dirección del hospital, se reunirá:

a) Mensualmente.
b) Diariamente.

c) Trimestralmente.

d) Semanalmente.

28. ¿Qué órgano es el encargado de estudiar las medidas pertinentes para el mejor funcionamiento de los servicios y unidades del hospital en el orden sanitario y económico, y su ordenación y coordinación interna y en relación con las necesidades del área de Salud a la que esté adscrito?

a) La Comisión de Dirección.

b) El Director Gerente.

c) La Comisión de Bienestar Social.

d) La Comisión Central de Garantía de la Calidad.

29. Cómo se denomina en el Servicio Público de Salud de Castilla y León al Centro sanitario de atención especializada designado con carácter general para la atención de los pacientes adscritos a otro centro sanitario cuando la atención sanitaria que precisan, ya sea diagnóstica o terapéutica, no se puede prestar en su centro por no disponer de la prestación correspondiente:

a) Centro especial.

b) Centro Especializado.

c) Centro de referencia.

d) Servicio de referencia.

30. Según el artículo 67 de la Ley General de Sanidad, la vinculación a la red pública de los hospitales generales del sector privado se realizará mediante:

a) Convenios generales.

b) Pactos singulares.

c) Consorcios.

d) Convenios singulares.

Solución al test n.º 2

1. b) Las Comunidades Autónomas.

2. c) No inferior al 40 por 100.

3. a) 200.000 habitantes ni superior a 250.000.

4. b) Podrá acomodarse a sus específicas peculiaridades.

5. a) La Zona Básica de Salud delimita una Zona Médica, y está constituida por un solo Partido Médico.

6. c) Los 5.000 y 25.000 habitantes.

7. a) Los 25.000 habitantes.

8. d) Todas son correctas.

9. c) 40 horas semanales.

10. a) 43.

11. a) Orden interno y seguridad.

12. c) Real Decreto.

13. d) Consultas externas.

14. c) Al Director Médico.

15. b) Cuando las necesidades de la gestión así lo aconsejen.

16. d) Comisión de Participación Ciudadana.

17. b) Fue creado mediante Resolución en 1990.

18. b) Dos años.

19. a) Seis veces al año.

20. b) Comisión Central de Garantía de la Calidad.

21. d) Ocho.

22. c) 38.

23. a) Las ciudades sanitarias.

24. a) El hospital.

25. b) Su Presidente es el Director Gerente.

26. a) A la Comisión de Bienestar Social.

27. d) Semanalmente.

28. a) La Comisión de Dirección.

29. c) Centro de referencia.

30. d) Convenios singulares.

TEST N.º 3

Ley 2/2007, de 7 de marzo, del Estatuto Jurídico del Personal Estatutario del Servicio de Salud de Castilla y León: Clasificación del personal estatutario. Provisión de plazas, selección y promoción interna. Adquisición y pérdida de la condición de personal estatutario fijo

1. La Ley del Estatuto Jurídico del personal estatutario del Servicio de Salud data de:

a) 1987.
b) 1997.
c) 2007.
d) 2006.

2. La estructura de la Ley se compone de:

a) 8 Títulos.
b) 8 Capítulos.
c) 16 Títulos.
d) 16 Capítulos.

3. El Capítulo II de la Ley se refiere:

a) A los órganos superiores en materia de personal estatutario.
b) A los derechos y deberes de este personal.
c) Al Régimen presupuestario.
d) A la regulación del tiempo de trabajo.

4. Los mecanismos de ordenación y planificación de recursos humanos del Servicio de Salud de Castilla y León se regulan en el Capítulo:

a) II.
b) V.
c) IV.
d) VII.

5. Los criterios para la clasificación del personal estatutario estarán basados:

a) En las funciones que va a desarrollar.
b) En la experiencia.
c) En los niveles de titulación.
d) Las opciones a) y c) son correctas.

6. Se acordará el cese de personal estatutario interino cuando concurra alguna de las siguientes circunstancias:

a) Amortización de la plaza.
b) Desaparición de las razones de necesidad que motivaron la cobertura de la plaza.
c) Resolución de la relación estatutaria durante el período de prueba.
d) Todas son correctas.

7. Procederá el nombramiento de personal estatutario eventual:

a) Cuando se trate de la prestación de determinados servicios de naturaleza ordinaria.
b) Cuando sea necesario para garantizar el funcionamiento esporádico de los centros e instituciones sanitarias.
c) Para la prestación de servicios complementarios de una reducción de jornada ordinaria.
d) Todas son falsas.

8. Se acordará el cese de personal estatutario eventual:

a) Cuando se produzca la causa o venza el plazo que expresamente se determine en su nombramiento.
b) Cuando se supriman las funciones que en su día lo motivaron.
c) Cuando haya resolución de la relación estatutaria durante el período de prueba.
d) Todas son ciertas.

9. Podrán establecerse especialidades dentro de las categorías profesionales en razón de:

a) La eficacia en la gestión.
b) La estabilidad en el puesto de trabajo.
c) La titulación o formación específica exigida para el acceso.
d) Todas son correctas.

10. No es una categoría de personal estatutario sanitario:

a) La categoría de Licenciado Especialista.
b) La categoría de Titulado Superior en Administración Sanitaria.
c) La categoría de Médico de urgencias hospitalarias.
d) La categoría de Médico de urgencias y emergencias.

11. ¿Quiénes se encargarán de la vigilancia, guardia y custodia de todo tipo de dependencias de la Administración?

a) Los celadores.
b) Los operarios de oficios
c) Los operarios de servicios.
d) Otros técnicos especialistas de oficios.

12. ¿Y del manejo de máquinas reproductoras y auxiliares?

a) Los celadores.
b) Los operarios de oficios
c) Los operarios de servicios.
d) Otros técnicos especialistas de oficios.

13. ¿Y de la preparación de comedores?

a) Los celadores.
b) Los operarios de oficios.
c) Los operarios de servicios.
d) Otros técnicos especialistas de oficios.

14. No es cometido de un técnico de cocina:

a) La presentación de toda clase de alimentos.
b) La preparación de comedores.
c) La manipulación de alimentos.
d) Elaborar los menús.

15. ¿A quién corresponde intervenir en los proyectos de edificación y obra civil?

a) Al Titulado Superior Jurídico.
b) Al Ingeniero Técnico.
c) Al Técnico Especialista de Delineación.
d) A todos ellos.

16. La elaboración de los planes de necesidades de tecnologías de la información y protocolos de actuación corresponde:

a) Al Titulado Superior de Informática.
b) Al Titulado Superior en Administración Sanitaria.
c) A la categoría de Gestión Informática.
d) A la categoría de Ingeniero Técnico.

17. ¿Qué categoría proporcionará cuidados auxiliares al paciente y actuará sobre las condiciones sanitarias de su entorno?

a) La categoría de Terapeuta ocupacional.
b) La categoría de Técnico Especialista Sanitario en Anatomía Patológica.
c) La categoría de Técnico Especialista Sanitario en Imagen para el Diagnóstico.
d) La categoría de Técnico en cuidados auxiliares de Enfermería.

18. ¿En qué categoría se exige para su nombramiento el título de especialista en ciencias de la Salud?

a) Médico de Admisión y Documentación clínica.
b) Licenciado Especialista.
c) Médico de urgencias y emergencias.
d) Farmacéutico.

19. La Ley del Estatuto Jurídico del personal estatutario del Servicio de Salud:

a) Tiene carácter básico.
b) Tiene que respetar lo establecido con carácter básico por la normativa estatal.
c) Deroga la legislación estatal.
d) Se ratifica por una Ley Orgánica.

20. Los sistemas propios de selección y provisión se inspiran:

a) En los principios constitucionales de igualdad, mérito y capacidad.
b) En los principios de agilidad, competencia, periodicidad, publicidad y estabilidad en el empleo.
c) En la limitación de la tasa de interinidad y libre circulación de los profesionales.
d) Todas son correctas.

21. El Capítulo VI de la Ley se refiere:

a) A los órganos superiores en materia de personal estatutario.
b) A los derechos y deberes de este personal.
c) A la provisión de plazas, la selección de personal y la promoción interna.
d) A la regulación del tiempo de trabajo.

22. La selección del personal estatutario fijo se realizará con carácter general a través del sistema de:

a) Oposición.
b) Concurso-oposición.
c) Concurso.
d) Curso selectivo.

23. No es requisito imprescindible para adquirir la condición de personal estatutario fijo:

a) La superación del proceso selectivo.
b) El nombramiento por el órgano competente.
c) La posesión de la nacionalidad española.
d) La toma de posesión dentro del plazo que se establezca.

24. No es causa de pérdida de la condición de personal estatutario fijo:

a) La pena principal o accesoria de inhabilitación absoluta.
b) La jubilación.
c) La sanción disciplinaria firme de suspensión de funciones.
d) La renuncia, en los términos previstos en la Ley.

25. La jubilación forzosa se declarará al cumplir el interesado la edad de:

a) 65 años.
b) 67 años.
c) 70 años.
d) 60 años.

26. ¿Qué requisitos tiene que reunir el personal estatutario para poder acogerse a la jubilación voluntaria anticipada, total o parcial?

a) Los establecidos en los Planes de Ordenación de Recursos Humanos.
b) Los establecidos en la legislación de Seguridad Social.
c) Los establecidos por acuerdo de la Junta de Castilla y León.
d) Los establecidos por el Estatuto Básico del Empleado Público.

27. La prolongación de su permanencia en servicio activo:

a) La acuerda la Junta de Castilla y León.
b) Será autorizada por los órganos competentes del Servicio de Salud de Castilla y León.
c) La acuerda la Seguridad Social.
d) Todas son correctas.

28. La prolongación de la permanencia en el servicio activo ya autorizada:

a) Podrá dejarse sin efecto en el caso de que dejen de concurrir las circunstancias que resultaron determinantes para su reconocimiento.
b) Podrá dejarse sin efecto de acuerdo con los criterios y las necesidades que resulten de aplicación en el correspondiente Plan de Ordenación de Recursos Humanos.
c) Las opciones a) y b) son correctas.
d) Las opciones a) y b) son falsas.

29. La prolongación de la permanencia en el servicio activo, ¿podrá solicitarse a tiempo parcial?

a) No, siempre debe ser a tiempo completo.
b) Solo si el interesado opta por una jubilación parcial.
c) Solo si al interesado le quedan tres años o menos de cotización para causar pensión de jubilación.
d) Solo si el interesado está incurso en una causa de incapacidad temporal.

30. El plazo para resolver y notificar la autorización de la prolongación de la permanencia en el servicio activo será de:

a) 1 mes.
b) 2 meses.
c) 3 meses.
d) 6 meses.

Solución al test n.º 3

1. c) 2007

2. d) 16 Capítulos.

3. a) A los órganos superiores en materia de personal estatutario.

4. c) IV.

5. d) Las opciones a) y c) son correctas.

6. d) Todas son correctas.

7. c) Para la prestación de servicios complementarios de una reducción de jornada ordinaria.

8. d) Todas son ciertas.

9. c) La titulación o formación específica exigida para el acceso.

10. b) La categoría de Titulado Superior en Administración Sanitaria.

11. a) Los celadores.

12. a) Los celadores.

13. c) Los operarios de servicios.

14. b) La preparación de comedores.

15. c) Al Técnico Especialista de Delineación.

16. a) Al Titulado Superior de Informática.

17. d) La categoría de Técnico en cuidados auxiliares de Enfermería.

18. b) Licenciado Especialista.

19. b) Tiene que respetar lo establecido con carácter básico por la normativa estatal.

20. d) Todas son correctas.

21. c) La provisión de plazas, la selección de personal y la promoción interna.

22. b) Concurso-oposición.

23. c) La posesión de la nacionalidad española.

24. c) La sanción disciplinaria firme de suspensión de funciones.

25. a) 65 años.

26. b) Los establecidos en la legislación de Seguridad Social.

27. b) Será autorizada por los órganos competentes del Servicio de Salud de Castilla y León.

28. c) Las opciones a) y b) son correctas.

29. b) Solo si el interesado opta por una jubilación parcial.

30. b) 2 meses.

TEST N.º 4

La Ley 8/2010, de 30 de agosto de Ordenación del Sistema de Salud de Castilla y León. Ley 10/2010, de 27 de septiembre, de Salud y Seguridad Alimentaria de Castilla y León

1. La de Ordenación del Sistema de Salud de Castilla y León data de:

a) 2001.
b) 2003.
c) 2007.
d) 2010.

2. La estructura de la Ley se compone de:

a) 8 Títulos.
b) Un Título Preliminar y diez Títulos más.
c) 10 Títulos.
d) Un Título Preliminar y nueve Títulos más.

3. El Título VI de la Ley se refiere:

a) A las relaciones con la iniciativa privada.
b) Al Sistema Público de Salud de Castilla y León.
c) A las competencias en materia de sanidad.
d) A la Planificación, Calidad y Acreditación.

4. La intervención pública en materia sanitaria se regula en el Título:

a) III.
b) VI.
c) IX.
d) X.

5. No tiene la consideración de principio rector del Sistema de salud:

a) El carácter supletorio de la iniciativa privada.
b) La humanización de la asistencia sanitaria y la atención personalizada al paciente.

c) La superación de las desigualdades socioeconómicas y la eliminación de los desequilibrios territoriales.

d) El reconocimiento y la motivación de los profesionales del Sistema de Salud.

6. Se garantizará la atención en situación de urgencia y emergencia independientemente de su situación administrativa:

a) A todos los españoles.

b) A los nacionales de los estados miembros de la Unión Europea.

c) A todas las personas.

d) Todas son correctas.

7. ¿Quién promoverá la creación, el adecuado funcionamiento y la acreditación de los Comités de Ética Asistencial?

a) La Ley.

b) Los poderes públicos.

c) La Junta de Castilla y León.

d) La Administración sanitaria.

8. El Defensor del Usuario del Sistema de Salud de Castilla y León es un órgano adscrito a:

a) La Consejería competente en materia de sanidad.

b) Las Cortes de Castilla y León.

c) La Junta de Castilla y León.

d) El Procurador del Común.

9. A la vista de las actuaciones que lleve a cabo, el Defensor del Usuario podrá formular:

a) Propuestas.

b) Recomendaciones.

c) Sugerencias

d) Todas son correctas.

10. El Defensor del Usuario será nombrado y cesado por:

a) La Junta de Castilla y León.

b) La Consejería competente en materia de sanidad.

c) La Gerencia Regional de Salud.

d) El Procurador del Común.

11. La competencia para probar el Plan de Salud de la Comunidad Autónoma corresponde:

a) A las Cortes de Castilla y León.

b) A la Junta de Castilla y León.

c) A la Consejería competente en materia de sanidad.
d) Al Defensor del Usuario.

12. No es una competencia de la Consejería competente en materia de sanidad:

a) Aprobar la estructura orgánica de la Gerencia Regional de Salud de Castilla y León.
b) La elaboración y propuesta del Plan de Salud de la Comunidad de Castilla y León.
c) La propuesta de creación de nuevas Áreas de Salud.
d) La aprobación de creación y modificaciones de las Zonas Básicas de Salud.

13. Corresponde a los Ayuntamientos:

a) El ejercicio de las competencias sancionadoras y de intervención pública en los términos previstos en la Ley.
b) La construcción, conservación y mantenimiento de los consultorios locales.
c) Participar en los órganos de dirección de las áreas de salud, en los términos que establezca la Ley y en la normativa básica estatal.
d) Todas son correctas.

14. El acceso de los usuarios a las prestaciones del Sistema Público de Salud se facilitará a través de la tarjeta sanitaria individual:

a) La tarjeta sanitaria colectiva.
b) La tarjeta sanitaria familiar.
c) La tarjeta sanitaria individual.
d) La receta médica.

15. El Sistema Público de Salud de Castilla y León incluye:

a) Prestaciones de salud pública.
b) Prestación de productos dietéticos.
c) Prestación de transporte sanitario.
d) Todas las respuestas son correctas.

16. Las estructuras fundamentales del Sistema Público de Salud de Castilla y León son:

a) Las áreas de salud.
b) Las zonas básicas de salud.
c) Las demarcaciones sanitarias.
d) Los centros de salud.

17. El instrumento esencial para la ordenación, planificación y gestión del Sistema Público de Salud de la Comunidad se denomina:

a) Catálogo de prestaciones.
b) Plan sanitario.

c) Mapa sanitario.
d) Plan de salud.

18. En cada Zona Básica de Salud existirá:

a) Un equipo de Salud Pública.
b) Un equipo de Atención Primaria.
c) Un médico de urgencias y emergencias.
d) Un farmacéutico.

19. El conjunto de cuidados destinados a aquellos enfermos, generalmente cró-nicos, que por sus especiales características y vulnerabilidad pueden beneficiarse de la actuación simultánea y sinérgica de los servicios sanitarios y sociales para au-mentar su autonomía, paliar sus limitaciones o sufrimientos y facilitar su reinser-ción social, se denomina:

a) Atención primaria.
b) Atención especializada.
c) Atención de urgencia.
d) Atención sociosanitaria.

20. El Presidente de la Gerencia Regional de Salud será:

a) El titular de la Consejería competente en materia de Sanidad.
b) El Secretario General de la Consejería competente en materia de Sanidad.
c) El Director Gerente.
d) Todas son falsas.

21. Para el cumplimiento de sus fines, la Gerencia Regional de Salud podrá:

a) Emplear cuantas fórmulas contractuales se prevean en la legislación estatal.
b) Aplicar cualquier tipo de copago que se establezca reglamentariamente.
c) Operar a través de las entidades instrumentales que al efecto sean constituidas.
d) Las opciones a) y c) son correctas.

22. Para el mejor logro de sus fines, la Gerencia Regional de Salud, como institu-ción sanitaria, dispondrá e integrará los siguientes centros y servicios sanitarios y administrativos:

a) Los que sean de la titularidad de la Administración de la Comunidad de Castilla y León que se le adscriban.
b) Los de titularidad de la Seguridad Social transferidos a la Comunidad de Castilla y León que se le adscriban.
c) Los procedentes de las Corporaciones Locales adscritos a la Comunidad de Castilla y León.
d) Todas son correctas.

23. ¿Cuál de las siguientes funciones no corresponde a la Gerencia Regional de Salud:

a) Prestación de la atención sanitaria.

b) La definición, planificación y compra de los servicios que requiera para el cumplimiento de sus fines.

c) La promoción de la docencia e investigación en ciencias de la salud en el ámbito de los centros, servicios y establecimientos sanitarios internacionales.

d) La celebración de contratos o suscripción de convenios para la consecución de los objetivos fijados.

24. No son órganos de la Gerencia Regional de Salud:

a) El Director Gerente.

b) El Director económico, presupuestario y financiero.

c) Los Delegados Territoriales de la Junta de Castilla y León.

d) Las Direcciones Generales

25. ¿A quién corresponde aprobar la Memoria Anual de la Gerencia Regional de Salud?

a) Al Director económico, presupuestario y financiero.

b) Al Presidente.

c) Al Director Gerente.

d) Todas son falsas.

26. Proceder a la evaluación de las actividades e inspeccionar los diferentes órganos de la Gerencia Regional de Salud, es competencia del:

a) Presidente.

b) Director Gerente.

c) Los Directores Generales.

d) La Inspección General de Servicios.

27. Para que el Director Gerente pueda delegar el ejercicio de sus atribuciones en los cargos inferiores de la estructura central y periférica, necesita la autorización de:

a) El Presidente.

b) La Junta de Castilla y León.

c) No necesita autorización alguna.

d) No puede efectuar delegación alguna.

28. El Consejo de Salud de Zona es el órgano colegiado de participación en el ámbito de:

a) La Zona Básica de Salud.

b) El Centro de Salud.

c) La provincia.
d) El área hospitalaria.

29. ¿Qué vigencia tendrá el Plan de Salud de Castilla y León?

a) Dos años.
b) Cuatro años.
c) Cinco años.
d) Tendrá la vigencia que en él se determine.

30. El proceso dinámico y voluntario por el que un centro, servicio, estableci-miento o profesional se incorpora a un sistema de verificación externa que certi-fica el nivel en que se sitúa en relación a un referente previamente establecido, se denomina:

a) Verificación sanitaria.
b) Autorización sanitaria.
c) Acreditación sanitaria.
d) Inspección sanitaria.

31. No es un principio general de la Ley 10/2010:

a) La atención integral, multidisciplinar e intersectorial de la atención sanitaria.
b) La protección, promoción y prevención, como fundamento de la salud pública.
c) La garantía de la intervención en salud pública, tanto individual como colectiva.
d) La investigación sanitaria como actuación esencial del progreso del Sistema de Sa-lud de Castilla y León.

32. La prestación de salud pública comprende las siguientes actuaciones:

a) La protección a la salud.
b) La promoción de la salud.
c) La promoción y la protección de la salud laboral.
d) Todas son correctas.

33. Las actuaciones comprendidas dentro de la prestación de salud pública reali-zadas por las administraciones sanitarias a través de entidades de derecho público o privado constituidas al efecto:

a) No están permitidas por la Ley.
b) Son una forma de gestión directa.
c) Son una forma de gestión subrogada.
d) Son una forma de gestión indirecta.

34. ¿Cuál de las siguientes tareas no corresponde a los profesionales de la prestación de la salud pública?

a) Analizar la situación de la salud de la Comunidad Autónoma.
b) Contribuir a la definición de la política de salud colectiva.
c) Establecer convenios de cooperación con otras entidades internacionales.
d) Fomentar el cumplimiento de las garantías de calidad de la prestación de salud pública.

35. Para el acceso a la función pública, se utilizará con carácter general:

a) El sistema de oposición.
b) El sistema de concurso.
c) El sistema de concurso oposición.
d) No se establece ningún sistema con carácter general.

36. Las estructuras de ordenación territorial en las que se desarrollarán, fundamentalmente, las funciones de inspección y control oficial incluidas en la prestación de salud pública se denominan:

a) Zonas sanitarias.
b) Demarcaciones sanitarias.
c) Demarcaciones de salud pública.
d) Zonas básicas de salud.

37. Los órganos colegiados multidisciplinares de cada una de las demarcaciones sanitarias se denominan:

a) Equipos de Salud Pública.
b) Equipos multidisciplinares.
c) Equipos de prevención.
d) Equipos médicos.

38. ¿Cuál de los siguientes no es un sistema básico de vigilancia epidemiológica?

a) Sistema de declaración de enfermedades de declaración obligatoria.
b) Situaciones epidémicas y brotes.
c) Sistema de Alertas Epidemiológicas y su respuesta rápida.
d) Sistema centinela de vigilancia de la gripe.

39. Aquella situación derivada de los riesgos que se puedan producir en la población por el consumo de medicamentos y productos sanitarios, una vez comercializados, que obliguen a su retirada inmediata se denomina:

a) Emergencia sanitaria.
b) Emergencia epidemiológica.

c) Alerta farmacéutica.
d) Riesgo farmacéutico.

40. ¿Cómo debe ser la frecuencia de los controles oficiales?

a) Anuales.
b) Intensivos.
c) Ocasionales.
d) Regulares y proporcional a la naturaleza del riesgo.

Solución al test n.º 4

1. d) 2010.

2. b) Un Título Preliminar y diez Títulos más.

3. d) A la Planificación, Calidad y Acreditación.

4. c) IX.

5. a) El carácter supletorio de la iniciativa privada.

6. c) A todas las personas.

7. d) La Administración sanitaria.

8. a) La Consejería competente en materia de sanidad.

9. d) Todas son correctas.

10. a) La Junta de Castilla y León.

11. b) A la Junta de Castilla y León.

12. a) Aprobar la estructura orgánica de la Gerencia Regional de Salud de Castilla y León.

13. d) Todas son correctas.

14. c) La tarjeta sanitaria individual.

15. d) Todas las respuestas son correctas.

16. a) Las áreas de salud.

17. c) Mapa sanitario.

18. b) Un equipo de Atención Primaria.

19. d) Atención sociosanitaria.

20. a) El titular de la Consejería competente en materia de Sanidad.

21. d) Las opciones a) y c) son correctas.

22. d) Todas son correctas.

23. c) La promoción de la docencia e investigación en ciencias de la salud en el ámbito de los centros, servicios y establecimientos sanitarios internacionales.

24. c) Los Delegados Territoriales de la Junta de Castilla y León.

25. b) Al Presidente.

26. b) Director Gerente.

27. a) El Presidente.

28. a) La Zona Básica de Salud.

29. d) Tendrá la vigencia que en él se determine.

30. c) Acreditación sanitaria.

31. a) La atención integral, multidisciplinar e intersectorial de la atención sanitaria.

32. d) Todas son correctas.

33. b) Son una forma de gestión directa.

34. c) Establecer convenios de cooperación con otras entidades internacionales.

35. c) El sistema de concurso oposición.

36. b) Demarcaciones sanitarias.

37. a) Equipos de Salud Pública.

38. d) Sistema centinela de vigilancia de la gripe.

39. c) Alerta farmacéutica.

40. d) Regulares y proporcional a la naturaleza del riesgo.

TEST N.º 5

Ley 41/2002, de 14 de noviembre, básica reguladora de la autonomía del paciente y de derechos y obligaciones en materia de información y documentación clínica. Derechos y deberes de los pacientes en relación con la salud. Autonomía de decisión. Intimidad y confidencialidad, protección de datos, secreto profesional. Derecho a la información. Derechos relativos a la documentación sanitaria. Ley Orgánica 3/2018 de 5 de diciembre de Protección de Datos Personales y garantía de los derechos digitales. Decreto 101/2005, de 22 de diciembre por el que se regula la Historia Clínica en Castilla y León

1. De entre las definiciones legales que enumera la Ley 41/2002, de 14 de noviembre, básica reguladora de la autonomía del paciente y de derechos y obligaciones en materia de información y documentación clínica, ¿cuál es la que define correctamente el término "Usuario"?

a) La persona que utiliza los servicios sanitarios de educación y promoción de la salud, de prevención de enfermedades y de información sanitaria.

b) Toda aquella persona que promueve los medios sanitarios adecuada y racionalmente.

c) La persona que solicita los servicios que han sido puestos a su disposición por las autoridades sanitarias.

d) Toda aquella persona que requiere asistencia sanitaria y está sometida a cuidados profesionales para el mantenimiento o recuperación de su salud.

2. Cuando hablamos de la expresión: "toda persona tiene derecho a que se respete el carácter confidencial de los datos referentes a su salud, y a que nadie pueda acceder a ellos sin previa autorización, según indica la Ley 41/2002", ¿a qué tipo de derecho nos referimos?

a) Derecho de información.
b) Derecho asistencial.
c) Derecho a la intimidad.
d) Derecho a la formación.

3. ¿Quién es el titular del derecho a la información asistencial?

a) El Facultativo, en todos los casos.
b) El Paciente.
c) Todo aquel que tenga el tiempo cotizado suficientemente.
d) Cualquier trabajador del ámbito sanitario que previamente lo solicite.

4. La Ley 41/2002 tiene la condición de:

a) Complementaria.
b) General.
c) Básica.
d) Supletoria.

5. La Ley 41/2002 tiene por finalidad completar las previsiones de la Ley General de Sanidad, reforzando el derecho a la autonomía del paciente de acuerdo con el criterio establecido en:

a) El Convenio de Burgos.
b) El Convenio de Mérida.
c) El Convenio de Teruel.
d) El Convenio de Oviedo.

6. La Ley 41/2002 tiene por objeto la regulación de los derechos y obligaciones de los pacientes, usuarios y profesionales, así como de los centros y servicios sanitarios ...., en materia de autonomía del paciente y de información y documentación clínica. ¿Cuál de las siguientes opciones completa correctamente la frase?

a) Públicos.
b) Públicos y concertados.
c) Privados.
d) Públicos y privados.

7. Según la ley 41/2002, toda la actividad encaminada a obtener, utilizar, archivar, custodiar y transmitir la información y la documentación clínica estará orientada por varios principios básicos, entre los cuales no figura:

a) La dignidad de la persona humana.
b) El respeto a la autonomía de su voluntad.
c) El derecho a la buena imagen.
d) El respeto a su intimidad.

8. Señala la opción incorrecta en relación con los principios básicos recogidos en la Ley 41/2002:

a) El paciente o usuario tiene derecho a decidir libremente, después de recibir la información adecuada, entre las opciones clínicas disponibles.
b) Todo paciente o usuario tiene derecho a negarse al tratamiento, excepto en los casos determinados en la Ley. Su negativa al tratamiento constará por escrito.

c) El consentimiento, que debe obtenerse después de que el paciente reciba una información adecuada, se hará siempre por escrito.

d) Toda actuación en el ámbito de la sanidad requiere, con carácter general, el previo consentimiento de los pacientes o usuarios.

9. Según la Ley 41/2002, de 14 de noviembre, los pacientes o usuarios tienen el deber de facilitar los datos sobre su estado físico o sobre su salud de manera:

a) Clara y concisa.
b) Leal y verdadera.
c) Sincera y detallada.
d) Abierta y ordenada.

10. Todo paciente o usuario tiene derecho a negarse al tratamiento:

a) En todo caso.
b) Excepto en los casos determinados en la Ley.
c) Excepto en casos de interés público.
d) En ningún caso, con algunas excepciones determinadas en la ley.

11. La facultad del paciente o usuario de optar, libre y voluntariamente, entre dos o más alternativas asistenciales, entre varios facultativos o entre centros asistenciales, en los términos y condiciones que establezcan los servicios de salud competentes, en cada caso; se llama:

a) Libre elección.
b) Derecho a una segunda opinión.
c) Flexibilidad del sistema.
d) Participación del ciudadano en su curación.

12. Los pacientes tiene derecho a conocer, con motivo de cualquier actuación en el ámbito de la salud, toda información disponible sobre la misma, salvando los supuestos excepcionados por la Ley 41/2002. Como regla general, la información ha de ser proporcionada al paciente:

a) De forma verbal.
b) Por escrito.
c) Por vía telemática.
d) Por vía postal.

13. La información clínica, debe tener una serie de características plasmadas en el artículo 4.2. de la Ley 41/2002. Señale cuál de los siguientes es incorrecto:

a) Forma parte de todas las actuaciones asistenciales.
b) Será verdadera.

c) Se comunicará al paciente en un lenguaje técnico y adecuado a sus necesidades de conocer exactamente su estado.

d) Ayudará al paciente a tomar decisiones de acuerdo con su propia y libre voluntad.

14. Además del paciente, también serán informadas las personas vinculadas a él, por razones familiares o de hecho:

a) En todo caso.

b) En la medida en que el paciente lo permita, manifestándolo por escrito.

c) En la medida en que el paciente lo permita de forma expresa o tácita.

d) Cuando el médico responsable lo considere necesario.

15. El derecho a la información sanitaria de los pacientes puede limitarse por la existencia acreditada de un estado de necesidad terapéutica. Se entenderá por necesidad terapéutica la facultad del médico para actuar profesionalmente sin informar antes al paciente, cuando:

a) Por razones objetivas el conocimiento de su propia situación pueda perjudicar su salud de manera grave.

b) Según el criterio del médico que le asiste, el paciente carezca de capacidad para entender la información a causa de su estado físico o psíquico.

c) Razones de urgencia para la vida del paciente obligan al facultativo a intervenir sin esperar su consentimiento o el de sus familiares.

d) El conocimiento de su situación pueda repercutir, en opinión del médico que le asiste, en un bajo estado de ánimo del paciente.

16. La Ley 41/2002, básica reguladora de la autonomía del paciente y de derechos y obligaciones en materia de información y documentación clínica garantiza la confidencialidad de la información relacionada con los servicios sanitarios que se prestan y:

a) Las prestaciones económicas correspondientes.

b) El secreto de los archivos de datos referidos a la salud.

c) Con los profesionales que intervienen en el proceso.

d) Sin ningún tipo de discriminación.

17. Señala la opción incorrecta. Conforme al artículo 2.1 de la Ley 41/2002, orientarán toda la actividad encaminada a obtener, utilizar, archivar, custodiar y transmitir la información y la documentación clínica:

a) El interés general.

b) La dignidad de la persona humana.

c) El respeto a la autonomía de la voluntad de las personas.

d) El respeto a la intimidad de las personas.

18. Conforme al artículo 2.2 de la Ley 41/2002, básica reguladora de la autonomía del paciente y de derechos y obligaciones en materia de información y documentación clínica:

a) Toda actuación en el ámbito de la sanidad requiere, con carácter general, el previo consentimiento de los pacientes o usuarios.

b) La mayor parte de las actuaciones en el ámbito de la sanidad requieren, con carácter general, el previo consentimiento de los pacientes o usuarios.

c) Las actuaciones en el ámbito de la sanidad requerirán, con carácter excepcional, el previo consentimiento de los pacientes o usuarios.

d) Toda actuación en el ámbito de la sanidad requiere, con carácter obligatorio, el posterior consentimiento de los pacientes o usuarios.

19. Conforme al artículo 2.4 de la Ley 41/2002, básica reguladora de la autonomía del paciente y de derechos y obligaciones en materia de información y documentación clínica:

a) Todo paciente o usuario tiene siempre derecho a negarse al tratamiento. Su negativa al tratamiento constará por escrito.

b) Todo paciente o usuario tiene derecho a negarse al tratamiento en los casos determinados en la Ley. Su negativa al tratamiento constará por escrito.

c) Todo paciente o usuario tiene derecho a negarse al tratamiento, excepto en los casos determinados en la Ley. Su negativa al tratamiento constará por escrito.

d) Todo paciente o usuario tiene derecho a negarse al tratamiento, excepto en los casos determinados reglamentariamente. Su negativa al tratamiento podrá constar por escrito.

20. Señala la opción incorrecta. Conforme al artículo 2.6 de la Ley 41/2002, básica reguladora de la autonomía del paciente y de derechos y obligaciones en materia de información y documentación clínica, todo profesional que interviene en la actividad asistencial está obligado:

a) A la correcta prestación de sus técnicas.

b) A informar por escrito al paciente, o a sus familiares, del procedimiento a seguir en su tratamiento.

c) Al cumplimiento de los deberes de información y de documentación clínica.

d) Al respeto de las decisiones adoptadas libre y voluntariamente por el paciente.

21. Conforme al artículo 2.7 de la Ley 41/2002, básica reguladora de la autonomía del paciente y de derechos y obligaciones en materia de información y documentación clínica, la persona que elabore o tenga acceso a la información y la documentación clínica está obligada a guardar:

a) La reserva debida.

b) Silencio.

c) Respeto a la intimidad.

d) El decoro necesario.

22. Conforme al artículo 4.2 de la Ley 41/2002, básica reguladora de la autonomía del paciente y de derechos y obligaciones en materia de información y documentación clínica:

a) La información clínica forma parte de todas las actuaciones asistenciales, será adecuada a sus necesidades, se comunicará al paciente de forma comprensible y verdadera y le ayudará a tomar decisiones acertadas.

b) La información clínica forma parte de todas las actuaciones asistenciales, será de acuerdo con su propia y libre voluntad, se comunicará al paciente de forma comprensible y verdadera y le ayudará a tomar decisiones adecuadas a sus necesidades.

c) La información clínica forma parte de todas las actuaciones asistenciales, será verdadera, se comunicará al paciente de forma comprensible y adecuada a sus necesidades y le ayudará a tomar decisiones de acuerdo con su propia y libre voluntad.

d) La información clínica forma parte de las actuaciones a tomar de acuerdo con la propia y libre voluntad del paciente, será comprensible, y se le comunicará de forma adecuada a sus necesidades de forma separada a las actuaciones asistenciales ayudándole a tomar decisiones de acuerdo con su propia y libre voluntad.

23. Conforme al artículo 5.2 de la Ley 41/2002, básica reguladora de la autonomía del paciente y de derechos y obligaciones en materia de información y documentación clínica:

a) El paciente será informado, incluso en caso de incapacidad, de modo adecuado a sus posibilidades de comprensión, cumpliendo con el deber de informar también a su representante legal.

b) El paciente será informado, excepto en caso de incapacidad, de modo adecuado a sus posibilidades de comprensión, cumpliendo con el deber de informar también a su representante legal.

c) El paciente será informado, incluso en caso de incapacidad, de modo adecuado a sus posibilidades de comprensión, evitando así el deber de informar también a su representante legal.

d) El paciente será siempre informado, excepto en caso de incapacidad en que lo será, de modo adecuado a sus posibilidades de comprensión, su representante legal.

24. Señala la opción incorrecta. Conforme al artículo 6 de la Ley 41/2002, básica reguladora de la autonomía del paciente y de derechos y obligaciones en materia de información y documentación clínica, los ciudadanos tienen derecho a conocer los problemas sanitarios de la colectividad cuando impliquen un riesgo para la salud pública o para su salud individual, y el derecho a que esta información se difunda en términos, de acuerdo con lo establecido por la Ley:

a) Verdaderos.
b) Comprensibles.
c) Tranquilizadores.
d) Adecuados para la protección de la salud.

25. No es necesario que el consentimiento se preste por escrito en el siguiente caso:

a) Intervención quirúrgica.
b) Procedimientos que suponen riesgos o inconvenientes de notoria y previsible repercusión negativa sobre la salud del paciente.
c) Procedimientos diagnósticos y terapéuticos invasores.
d) Desacuerdo entre el paciente y sus familiares más allegados.

26. Conforme al artículo 5.1 de la LO 3/2018, estarán sujetas al deber de confidencialidad:

a) Únicamente los responsables del tratamiento.
b) Los responsables y encargados del tratamiento.
c) Los responsables y encargados del tratamiento de datos así como todas las personas que intervengan en cualquier fase de este.
d) Los responsables y encargados del tratamiento de datos así como todas las personas que intervengan en todas las fases de este.

27. Según el artículo 8.1 de la LO 3/2018, el tratamiento de datos personales solo podrá considerarse fundado en el cumplimiento de una obligación legal exigible al responsable:

a) Cuando así lo prevea una norma de Derecho de la Unión Europea o una norma con rango de ley.
b) Cuando el tratamiento se considere una misión realizada en interés público.
c) Cuando se trate del ejercicio de poderes públicos conferidos al responsable.
d) Cuando el responsable sea un órgano u organismo público.

28. Conforme al artículo 9 de la LO 3/2018, de 5 de diciembre, de Protección de Datos Personales y garantía de los derechos digitales, cuál de los siguientes tratamientos de categorías especiales de datos fundados en el Derecho español deberá estar amparado en una norma con rango de ley:

a) El interesado dio su consentimiento explícito para el tratamiento de dichos datos personales con uno o más de los fines especificados.
b) El tratamiento es necesario para el cumplimiento de obligaciones y el ejercicio de derechos específicos del responsable del tratamiento o del interesado en el ámbito del Derecho laboral y de la seguridad y protección social.
c) El tratamiento es necesario para proteger intereses vitales del interesado o de otra persona física, en el supuesto de que el interesado no esté capacitado, física o jurídicamente, para dar su consentimiento.
d) El tratamiento es necesario por razones de interés público en el ámbito de la salud pública, como la protección frente a amenazas transfronterizas graves para la salud, o para garantizar elevados niveles de calidad y de seguridad de la asistencia sanitaria y de los medicamentos o productos sanitarios.

29. Todos los datos de los contactos asistenciales relacionados por un único número de identificación del paciente, se denominan:

a) Historia clínica.
b) Historia clínica única.
c) Contacto.
d) Dato.

30. Cada una de las unidades de información relevante de naturaleza clínica y administrativa que se recogen y documentan como consecuencia de un contacto asistencial se denomina:

a) Dato.
b) Contacto.
c) Documento.
d) Episodio asistencial.

Solución al test n.º 5

1. a) La persona que utiliza los servicios sanitarios de educación y promoción de la salud, de prevención de enfermedades y de información sanitaria.

2. c) Derecho a la intimidad.

3. b) El Paciente.

4. c) Básica.

5. d) El Convenio de Oviedo.

6. d) Públicos y privados.

7. c) El derecho a la buena imagen.

8. c) El consentimiento, que debe obtenerse después de que el paciente reciba una información adecuada, se hará siempre por escrito.

9. b) Leal y verdadera.

10. b) Excepto en los casos determinados en la Ley.

11. a) Libre elección.

12. a) De forma verbal.

13. c) Se comunicará al paciente en un lenguaje técnico y adecuado a sus necesidades de conocer exactamente su estado.

14. c) En la medida en que el paciente lo permita de forma expresa o tácita.

15. a) Por razones objetivas el conocimiento de su propia situación pueda perjudicar su salud de manera grave.

16. d) Sin ningún tipo de discriminación.

17. a) El interés general.

18. a) Toda actuación en el ámbito de la sanidad requiere, con carácter general, el previo consentimiento de los pacientes o usuarios.

19. c) Todo paciente o usuario tiene derecho a negarse al tratamiento, excepto en los casos determinados en la Ley. Su negativa al tratamiento constará por escrito.

20. b) A informar por escrito al paciente, o a sus familiares, del procedimiento a seguir en su tratamiento.

21. a) La reserva debida.

22. c) La información clínica forma parte de todas las actuaciones asistenciales, será verdadera, se comunicará al paciente de forma comprensible y adecuada a sus necesidades y le ayudará a tomar decisiones de acuerdo con su propia y libre voluntad.

23. a) El paciente será informado, incluso en caso de incapacidad, de modo adecuado a sus posibilidades de comprensión, cumpliendo con el deber de informar también a su representante legal.

24. c) Tranquilizadores.

25. d) Desacuerdo entre el paciente y sus familiares más allegados.

26. c) Los responsables y encargados del tratamiento de datos así como todas las personas que intervengan en cualquier fase de este.

27. a) Cuando así lo prevea una norma de Derecho de la Unión Europea o una norma con rango de ley.

28. d) El tratamiento es necesario por razones de interés público en el ámbito de la salud pública, como la protección frente a amenazas transfronterizas graves para la salud, o para garantizar elevados niveles de calidad y de seguridad de la asistencia sanitaria y de los medicamentos o productos sanitarios.

29. b) Historia clínica única.

30. a) Dato.

TEST N.º 6

La salud laboral en el ámbito de la Gerencia Regional de Salud de Castilla y León: organización preventiva. Planes de Prevención de Riesgos Laborales. Procedimiento para la integración efectiva de la prevención de riesgos laborales. Procedimiento de valoración del puesto de trabajo, adaptación, cambio y traslado por causa de salud. Procedimiento de protección de las trabajadoras durante el embarazo y la lactancia. Procedimiento de vacunación. El Plan Integral frente a las agresiones al personal de la Gerencia Regional de Salud

1. ¿Cuál es la herramienta a través de la cual debe integrarse la actividad preventiva de las Consejerías y Organismos Autónomos de la Junta de Castilla y León en el sistema general de gestión?

a) La Guía de Integración efectiva de la prevención de riesgos laborales.
b) El Plan de Prevención de Riesgos Laborales.
c) La creación de Servicios de Prevención.
d) Los Comités de Seguridad y Salud.

2. Conforme a la Orden SAN/800/2022, de 1 de julio, por la que se desarrolla la Estructura Orgánica de los Servicios Centrales de la Consejería de Sanidad y de la Gerencia Regional de Salud de Castilla y León, corresponde al Servicio de Promoción de la Salud y Salud Laboral:

a) La elaboración del Plan de actuaciones sanitarias en personas con exposición laboral al amianto en Castilla y León.
b) La aprobación de disposiciones generales en materia de salud laboral.
c) La resolución de los expedientes y recursos, así como la propuesta de elaboración de disposiciones generales en materias propias del Servicio.
d) El desarrollo de los compromisos asumidos en materia de salud laboral en el marco del diálogo social en Castilla y León.

3. Dentro de la organización preventiva del Servicio de Salud de Castilla y León existirá:

a) Un Comité de Seguridad y Salud regional.
b) Un Comité de Seguridad y Salud por provincia.
c) Un Comité de Seguridad y Salud por área.
d) Un Comité de Seguridad y Salud por centro.

4. Según el Decreto 8/2022, de 5 de mayo, la política de seguridad y salud laboral en la comunidad autónoma de Castilla y León es competencia de:

a) La Consejería de Sanidad.
b) La Consejería de Industria, Comercio y Empleo.
c) La Gerencia Regional de Salud.
d) Los Servicios de Prevención de Riesgos Laborales.

5. La promoción, coordinación, desarrollo, control y ejecución de las competencias de la Comunidad Autónoma de Castilla y León en materia de Prevención de Riesgos Laborales corresponde a/al:

a) La Dirección General de Trabajo y Prevención de Riesgos Laborales.
b) La Gerencia Regional de Salud.
c) Servicio de Promoción de la Salud y Salud Laboral.
d) La Dirección General de Salud Pública.

6. Son responsables de garantizar la aplicación de la Guía para la integración efectiva de la prevención de riesgos laborales en las instituciones sanitarias de la Gerencia Regional de Salud:

a) Los Delegados de Prevención.
b) Los Servicios de Prevención.
c) Los Gerentes.
d) Los responsables de los centros.

7. Es un procedimiento específico por actividad (PEA) del Plan de Prevención de Riesgos Laborales del SACYL:

a) Identificación de peligros. Evaluaciones de riesgos y determinación de controles.
b) Control operacional: control de los riesgos identificados.
c) Planes de Autoprotección de los centros sanitarios de la Gerencia Regional de Salud.
d) Compras y Adquisiciones.

8. El procedimiento de valoración del puesto de trabajo por causa de salud del trabajador, ha sido desarrollado por la siguiente Orden:

a) Orden SAN/1073/2011, de 14 de diciembre.
b) Orden SAN/1073/2014, de 14 de noviembre.

c) Orden SAN/1037/2011, de 24 de diciembre.
d) Orden SAN/1037/2014, de 27 de noviembre.

9. El acuerdo de iniciación de oficio del procedimiento de valoración del puesto de trabajo por causa de salud del trabajador, deberá ser debida y suficientemente motivado y se notificará al interesado, concediéndole un plazo para que formule alegaciones al mismo de:

a) 10 días hábiles.
b) 10 días naturales.
c) 20 días hábiles.
d) 20 días naturales.

10. La Gerencia a la que esté adscrito el interesado remitirá la solicitud de valoración del puesto de trabajo por causas de salud al Servicio de Prevención de Riesgos Laborales del Área de Salud correspondiente, en un plazo (a contar desde el día siguiente al de la presentación de la solicitud por el interesado), de:

a) 3 días naturales.
b) 5 días hábiles.
c) 3 días hábiles.
d) 5 días naturales.

11. ¿Cuál de las siguientes no es una calificación de la aptitud para el desempeño del puesto de trabajo, de las contempladas en el procedimiento de valoración del puesto de trabajo por causa de salud del trabajador, para el informe del Servicio de Prevención?

a) Apto para el puesto con limitaciones.
b) No apto para el puesto de forma temporal.
c) No apto para el puesto de forma definitiva.
d) Apto para el puesto de forma temporal.

12. Recibido el informe de valoración del puesto de trabajo del Servicio de Prevención de Riesgos Laborales, la Gerencia correspondiente dará traslado del informe al interesado, a fin de que formule las alegaciones que estime procedentes en el plazo de:

a) 3 días hábiles.
b) 5 días hábiles.
c) 7 días hábiles.
d) 10 días hábiles.

13. El plazo para la resolución y notificación del procedimiento de valoración del puesto de trabajo por causa de salud será, desde la presentación de la solicitud o desde el acuerdo de iniciación de oficio, de:

a) 1 mes.
b) 2 meses.

c) 3 meses.
d) 6 meses.

14. Corresponde a los Mandos (Directores, Subdirectores, Jefes de Servicio/Unidad, Supervisores, Coordinadores de centro, etc.), en relación con el procedimiento específico de protección frente a riesgos laborales de las trabajadoras durante el embarazo y la lactancia:

a) Realizar la evaluación de riesgos específica en todos los puestos de trabajo.
b) Comunicar el estado de la trabajadora lo antes posible al Servicio de Prevención para que se pueda iniciar el procedimiento que garantice su seguridad y salud durante el embarazo y la lactancia.
c) Desarrollar los procedimientos operativos, instrucciones de trabajo y/o impresos que sean necesarios para la correcta aplicación del procedimiento a las características específicas de cada centro.
d) Gestionar cada caso siguiendo las pautas y criterios indicados en el procedimiento.

15. A la hora de evaluar la existencia o no de riesgo específico y establecer medidas preventivas, para trabajadoras en estado de embarazo o lactancia, no es cierto que:

a) Si un puesto de trabajo no es aceptable para un trabajador cualquiera, tampoco lo será para una trabajadora embarazada o en período de lactancia.
b) En muchos casos el riesgo específico se presenta solamente en tareas o actividades concretas del puesto de trabajo.
c) Se establecerá la evaluación en base al carácter diferencial del riesgo con motivo del embarazo o la lactancia.
d) La presencia de alguno de los agentes o condiciones de trabajo considerados como factores de riesgo, determina la existencia de riesgo específico.

16. Las condiciones de trabajo de la mujer embarazada serán tales que la dosis equivalente al feto sea tan baja como sea razonablemente posible, de forma que dicha dosis no exceda, al menos desde la comunicación de su estado hasta el final del embarazo, de:

a) 1 mSv.
b) 2 mSv.
c) 4 mSv.
d) 6 mSv.

17. En relación con las radiaciones ionizantes, una exposición externa de corta duración o exposición interna por incorporación de radionucleidos en un corto período de tiempo, es una exposición:

a) Parcial.
b) Única.

c) Continua.
d) Global.

**18. Las personas que, por las condiciones en que se realiza su trabajo, es muy impro-
bable que reciban dosis superiores a 6 mSv por año oficial o 3/10 de los límites de dosis
equivalente para el cristalino, la piel y las extremidades, se clasifican en la categoría:**

a) Categoría A.
b) Categoría B.
c) Categoría I.
d) Categoría II.

**19. Cuando en el puesto de trabajo es probable que la dosis en la superficie del
abdomen de la mujer sea menor a 2mSv pero en circunstancias adversas podría superar dicho valor; la medida preventiva a tomar será:**

a) Basta con las medidas preventivas generales.
b) Debe realizarse un cambio de puesto de trabajo a otro donde se garanticen las
condiciones de menor riesgo.
c) Puede continuar en su trabajo pero con algunas restricciones, además de las medidas preventivas generales.
d) Permanecerá en su puesto de trabajo con las medidas preventivas generales hasta
que supere los 6 mSv, debiendo entonces ser cambiada de puesto de trabajo.

**20. Los puestos de trabajo en que con alta probabilidad la dosis de radiaciones
ionizantes en la superficie del abdomen de la mujer será menor a 2mSv; se clasifican como:**

a) Nivel I.
b) Nivel II.
c) Nivel III.
d) Nivel IV.

**21. La medida específica de prevención para trabajadoras embarazadas cuyo
puesto de trabajo supone la administración de citostáticos, como tarea habitual, es:**

a) Adaptación del puesto de trabajo para evitar la manipulación de citostáticos.
b) Ninguna.
c) Reducir al mínimo la exposición utilizando EPI adecuados y formación.
d) Separación del puesto de trabajo.

**22. Se considera bipedestación prolongada la postura de pie que se mantiene
durante:**

a) 4 horas seguidas.
b) Más de cuatro horas en la jornada laboral.

c) Al menos 3 horas seguidas.

d) Más de dos horas en la jornada laboral.

23. Cuando en la tabla de evaluación de riesgo específico para la gestación y la lactancia se señale una casilla con el término ADT, se estará indicando que:

a) No existe riesgo.

b) Hay que proceder a la adaptación del puesto de trabajo.

c) Es necesario el cambio de puesto de trabajo.

d) Hay que adoptar medidas preventivas complementarias.

24. Es una vacuna específica para todos los trabajadores de centros e instituciones sanitarias de la Gerencia Regional de Salud, la vacuna contra:

a) Hepatitis A.

b) Poliomelitis.

c) Hepatitis B.

d) Tosferina.

25. En caso de agresión a un trabajador de la Gerencia Regional de Salud, corresponde estudiar la solicitud del cambio de adscripción del paciente agresor:

a) Al Servicio de Prevención del Área de Salud.

b) A la Dirección General de Personal y Desarrollo Profesional.

c) Al Comité de Seguridad y Salud.

d) Al Gerente de Asistencia Sanitaria.

26. El objetivo del Plan Integral frente a las agresiones al personal de la Gerencia Regional de Salud se circunscribe al ámbito de:

a) Los centros sanitarios de la Gerencia Regional de Salud.

b) Toda institución y centro sanitario de la comunidad.

c) La actividad personal o profesional del personal dependiente de la Gerencia Regional de Salud.

d) Todo entorno en el que el personal de la Gerencia Regional de Salud desarrolle su actividad profesional.

27. ¿Cuál de las siguientes medidas no se contemplan garantizar al profesional agredido en el Plan Integral frente a las agresiones al personal de la Gerencia Regional de Salud?

a) Asistencia sanitaria.

b) Apoyo económico.

c) Apoyo psicológico.

d) Asesoramiento y defensa jurídica.

28. Según el Procedimiento para la prevención y gestión de las Agresiones Externas (PEA GRS SST 11), cómo se denomina a las agresiones que suponen la acción o expresión que lesionan la dignidad de otra persona, menoscabando su fama o atentando contra su propia estimación:

a) Injurias.
b) Amenazas.
c) Insultos.
d) Calumnias.

29. Entre las acciones específicas de asistencia y defensa jurídica contempladas en el Plan Integral frente a las agresiones al personal de la Gerencia Regional de Salud, se establece:

a) Instar por la Administración acciones judiciales contra el agresor, aunque el perjudicado renunciase a ellas.
b) La suscripción de un seguro de defensa jurídica.
c) La creación de una unidad especializada de la policía autonómica.
d) La contratación de un despacho de abogados específicamente para ello.

30. La Gerencia Regional de Salud instará ante la Fiscalía del Tribunal Superior de Justicia que las agresiones que sufra su personal se consideren:

a) Delito de atentado contra funcionario público.
b) Delito contra la Administración Pública.
c) Falta contra las personas.
d) Delito contra el interés público.

Solución al test n.º 6

1. b) El Plan de Prevención de Riesgos Laborales.

2. d) El desarrollo de los compromisos asumidos en materia de salud laboral en el marco del diálogo social en Castilla y León.

3. c) Un Comité de Seguridad y Salud por área.

4. b) La Consejería de Industria, Comercio y Empleo.

5. a) La Dirección General de Trabajo y Prevención de Riesgos Laborales.

6. c) Los Gerentes.

7. c) Planes de Autoprotección de los centros sanitarios de la Gerencia Regional de Salud.

8. d) Orden SAN/1037/2014, de 27 de noviembre.

9. a) 10 días hábiles.

10. c) 3 días hábiles.

11. d) Apto para el puesto de forma temporal.

12. d) 10 días hábiles.

13. c) 3 meses.

14. d) Gestionar cada caso siguiendo las pautas y criterios indicados en el procedimiento.

15. d) La presencia de alguno de los agentes o condiciones de trabajo considerados como factores de riesgo, determina la existencia de riesgo específico.

16. a) 1 mSv.

17. b) Única.

18. b) Categoría B.

19. c) Puede continuar en su trabajo pero con algunas restricciones, además de las medidas preventivas generales.

20. a) Nivel I.

21. d) Separación del puesto de trabajo.

22. b) Más de cuatro horas en la jornada laboral.

23. b) Hay que proceder a la adaptación del puesto de trabajo.

24. c) Hepatitis B.

25. d) Al Gerente de Asistencia Sanitaria.

26. d) Todo entorno en el que el personal de la Gerencia Regional de Salud desarrolle su actividad profesional.

27. b) Apoyo económico.

28. a) Injurias.

29. b) La suscripción de un seguro de defensa jurídica.

30. a) Delito de atentado contra funcionario público.

TEST N.º 7

La Ley 31/1995 de 8 de noviembre de Prevención de Riesgos Laborales: Derechos y obligaciones. Servicios de Prevención. Consulta y participación de los trabajadores

1. Los representantes de los trabajadores con competencia en materia de prevención de riesgos laborales son:

a) Los miembros de la Junta de personal, Junta Facultativo y Junta de Enfermería.
b) Los técnicos de prevención de riesgos laborales.
c) El Servicio de Medicina Preventiva.
d) Los delegados de prevención.

2. ¿Qué se entiende por "riesgo laboral"?

a) La posibilidad de que un trabajador sufra un determinado daño derivado del trabajo.
b) La posibilidad de que un trabajador sufra una enfermedad en el trabajo.
c) La posibilidad de que un trabajador sufra acoso.
d) El riesgo que supone el ir a trabajar.

3. Indica cuál es la definición de prevención:

a) La probabilidad racional de que un riesgo se materialice de forma inminente.
b) El estudio de los procesos potencialmente peligrosos para el trabajo.
c) Conjunto de actividades o medidas adoptadas o previstas en todas las fases de actividad de la empresa con el fin de evitar o disminuir los riesgos derivados del trabajo.
d) Posibilidad de que un trabajador sufra un determinado daño derivado del trabajo.

4. Señala la respuesta incorrecta:

a) La Ley de Prevención de Riesgos Laborales se aplica a los operativos de Seguridad civil en casos de catástrofe.
b) La Ley de Prevención de Riesgos Laborales se aplica a las sociedades cooperativas.

c) La Ley de Prevención de Riesgos Laborales se aplica a la relación laboral de carácter especial del servicio del hogar familiar.

d) En los establecimientos penitenciarios, se adaptarán a la Ley de Prevención de Riesgos Laborales aquellas actividades cuyas características justifiquen una regulación especial.

5. ¿Cuál es la vigente Ley de Prevención de Riesgos Laborales?

a) Ley 32/1995, de 8 de noviembre.
b) Ley 30/1996, de 8 de noviembre.
c) Ley 31/1995, de 6 de noviembre.
d) Ley 31/1995, de 8 de noviembre.

6. Entre los principios de la acción preventiva recogidos por el artículo 15 de la Ley de Prevención de Riesgos Laborales, no figura:

a) Evitar los riesgos.
b) Evaluar los riesgos que se puedan evitar.
c) Tener en cuenta la evolución de la técnica.
d) Dar las debidas instrucciones a los trabajadores.

7. En las empresas de hasta 30 trabajadores el Delegado de Prevención será:

a) El propio empresario.
b) El trabajador más antiguo.
c) El trabajador de mayor cualificación.
d) El delegado de personal.

8. Según la Ley de Prevención de Riesgos Laborales, se constituirá un Comité de Seguridad y Salud en todas las empresas o centros de trabajo que cuenten con:

a) 30 o más trabajadores.
b) 50 o más trabajadores.
c) 75 o más trabajadores.
d) 100 o más trabajadores.

9. El empresario deberá constituir un servicio de prevención propio siempre que se trate de empresas que cuenten con:

a) Más de 500 trabajadores.
b) Menos de 250 trabajadores.
c) Más de 250 trabajadores.
d) Más de 250 y menos de 500 trabajadores.

10. Para calificar un riesgo desde el punto de vista de su gravedad, se valorarán conjuntamente la severidad del daño y:

a) La probabilidad de que se produzca.
b) La cantidad de trabajadores de la empresa.
c) La existencia o no de equipos individuales de protección.
d) Las condiciones de trabajo.

11. En los casos de concurrencia de trabajadores de varias empresas en un centro de trabajo cuando existe un empresario principal, uno de los deberes de vigilancia por parte de este, consistirá en:

a) Impulsar la regulación de esquemas organizativos, que eviten los accidentes de trabajo.
b) Comprobar que las empresas contratistas y subcontratistas concurrentes en su centro de trabajo han establecido los necesarios medios de coordinación entre ellas.
c) Asegurar la correcta utilización por parte de los trabajadores de las empresas concurrentes de los correspondientes dispositivos de seguridad disponibles.
d) Asegurarse de que los trabajadores concurrentes disponen de la formación preventiva correspondiente.

12. Cuando los trabajadores estén expuestos a un riesgo grave e inminente con ocasión de su trabajo, y el empresario no adopte o no permita la adopción de las medidas necesarias para garantizar la seguridad y la salud de los trabajadores, la Ley 31/1995, de 8 de noviembre, de Prevención de Riesgos Laborales prevé:

a) Los trabajadores afectados podrán paralizar la actividad.
b) El órgano de representación del personal instará formalmente al empresario a la adopción de las medidas necesarias.
c) Los Delegados de Prevención lo comunicarán a la autoridad laboral, que adoptará las medidas necesarias.
d) El órgano de representación de personal podrá acordar la paralización de la actividad.

13. Según establece el art. 4 de la Ley 31/1995, de 8 de noviembre, de Prevención de Riesgos Laborales, se define como daños derivados del trabajo:

a) La posibilidad de que un trabajador sufra un determinado daño derivado del trabajo.
b) El que resulte probable racionalmente que se materialice en un futuro inmediato y pueda suponer y pueda suponer un daño grave para la salud de los trabajadores.
c) Las enfermedades, patologías o lesiones sufridas con motivo u ocasión del trabajo.
d) Cualquier máquina, aparato, instrumento o instalación utilizada en el trabajo.

14. El art. 23 de la LPRL establece la documentación que el empresario debe elaborar y conservar a disposición de la autoridad laboral. De las siguientes no está incluido:

a) El Plan de prevención de riesgos laborales.
b) Evaluación de los riesgos para la seguridad y la salud en el trabajo.
c) La planificación de la actividad laboral.
d) La relación de accidentes de trabajo y enfermedades profesionales que hayan causado al trabajador una incapacidad laboral superior a un día de trabajo.

15. El art. 29 de la LPRL establece las obligaciones de los trabajadores en materia de prevención de riesgos. De las siguientes no se considera una obligación del trabajador:

a) Utilizar correctamente los medios y equipos de protección facilitados por el empresario, de acuerdo con las instrucciones recibidas de este.
b) Usar adecuadamente, de acuerdo con su naturaleza y los riesgos previsibles, las máquinas, aparatos, herramientas, sustancias peligrosas, equipos de transporte y, en general, cualesquiera otros medios con los que desarrollen su actividad.
c) Informar de inmediato a su superior jerárquico directo, y a los trabajadores designados para realizar las actualizaciones que consideren oportunas en el equipo de protección individual.
d) No poner fuera de funcionamiento y utilizar correctamente los dispositivos de seguridad existentes o que se instalen en los medios relacionados con su actividad o en los lugares de trabajo en los que esta tenga lugar.

16. Con relación a la protección y prevención de riesgos profesionales, el art. 30 de la LPRL, establece que:

a) En cumplimiento del deber de prevención de riesgos profesionales, el empresario, podrá designar, exclusivamente, uno o dos trabajadores para ocuparse de dicha actividad.
b) En las empresas de más de seis trabajadores, el empresario asumirá personalmente las funciones relativas a la protección y prevención de riesgos profesionales.
c) En ningún caso el empresario podrá asumir estas funciones, que serán desempeñadas exclusivamente por los trabajadores.
d) En las empresas de hasta diez trabajadores, con varios centros de trabajo, el empresario podrá asumir personalmente las funciones relativas al deber de prevención de riesgos profesionales.

17. Según el art. 32 de la LPRL, en relación con las mutuas de accidente de trabajo y enfermedades profesionales, es cierto que:

a) En ningún caso podrán desarrollar para empresas las funciones correspondientes a los servicios de prevención.
b) Podrán desarrollar, para las empresas a ellas asociadas, las funciones correspondientes a los servicios de prevención, sin ningún tipo de restricción.

c) Podrán desarrollar, para las empresas a ellas asociadas, las funciones correspondientes a los servicios de prevención, siempre que hayan sido objeto de acreditación por la Administración Laboral y previa aprobación de la Administración Sanitaria en cuanto a los aspectos de carácter sanitario.

d) Podrán desarrollar, libremente, las funciones correspondientes a los servicios de prevención de las empresas que así se los soliciten.

18. El Plan de Prevención de Riesgos Laborales se considera como obligación empresarial:

a) Cuando se trata de empresas cuya actividad esté comprendida en el anexo I del RD 39/1997 de 27 de enero.

b) Si se decide por la Inspección de Trabajo y Seguridad social.

c) Siempre y con carácter previo a la evaluación inicial de riesgos.

d) En todos los casos, una vez realizada la evaluación inicial de los riesgos.

19. Los instrumentos esenciales para la gestión y aplicación del Plan de prevención de riesgos laborales son:

a) La evaluación de riesgos y la planificación de la actividad preventiva.

b) La evaluación inicial de riesgos y la formación.

c) La planificación y la gestión de la actividad preventiva.

d) La identificación y la evaluación de los riesgos.

20. El posible cambio de puesto de trabajo con riesgo para una trabajadora embarazada:

a) Deberá realizarse en caso de imposibilidad de adaptación del propio puesto.

b) Se hará previo informe en tal sentido del Servicio de Prevención.

c) Se determinará por el empresario, y dará información a los representantes de los trabajadores.

d) Se extenderá al período de lactancia.

21. La prevención de riesgos laborales deberá integrarse en el sistema general de gestión de la empresa a través de:

a) La política preventiva.

b) El plan de prevención.

c) El consenso de las partes.

d) El poder de decisión del empresario.

22. El objeto y carácter de la norma de la Ley 31/95 de Prevención de Riesgos Laborales dice:

a) La presente ley tiene por objeto promover la salud de los trabajadores mediante la aplicación de medidas y el desarrollo de las actividades necesarias para la prevención de riesgos derivados del trabajo.

b) La presente ley tiene por objeto promover la seguridad y la salud de los trabajadores mediante la aplicación de medidas y el desarrollo de las actividades necesarias para la prevención de riesgos derivados del trabajo.

c) La presente ley tiene por objeto promover la seguridad de los trabajadores mediante la aplicación de medidas y el desarrollo de las actividades necesarias para la prevención de riesgos derivados del trabajo.

d) La presente ley tiene por objeto promover la seguridad, la salud de los trabajadores y la negociación entre empresa y delegados de prevención, mediante la aplicación de medidas y el desarrollo de las actividades necesarias para la prevención de riesgos derivados del trabajo.

23. ¿Cuándo se deben utilizar los equipos de protección individual?

a) Siempre.
b) Cuando los riesgos no hayan sido evaluados.
c) Cuando los riesgos no se puedan evitar o no puedan limitarse.
d) Cuando el trabajador lo estime oportuno.

24. ¿Debe el trabajador prestar su consentimiento para que le realicen vigilancia de la salud?

a) No.
b) Sí.
c) Depende del número de trabajadores de la empresa.
d) Esta prestación es solo para personal fijo en la empresa.

25. La información y formación de los trabajadores, debe ser asesorada y apoyada a la empresa por:

a) Por los Delegados de Prevención.
b) Por las Secciones Sindicales.
c) Por la Inspección de Trabajo y Seguridad Social.
d) Por los Servicios de Prevención.

26. Según la Ley de Prevención de Riesgos Laborales, es obligación de los trabajadores en materia de prevención de riesgos:

a) La protección eficaz en materia de seguridad y salud en el trabajo.
b) Utilizar correctamente los medios y equipos de protección facilitados por el empresario, de acuerdo con las instrucciones recibidas de este.
c) Soportar el coste de las medidas relativas a la seguridad y la salud en el trabajo.
d) Desarrollar una acción permanente de seguimiento de la actividad preventiva.

27. Según el artículo 19 de la Ley de Prevención de Riesgos Laborales, la formación teórica y práctica en materia preventiva deberá:

a) Impartirse en horario dentro de la jornada de trabajo.
b) Impartirse por igual en jornada de trabajo y fuera del horario de trabajo.

c) Impartirse, siempre que sea posible, dentro de la jornada de trabajo o, en su defecto, en otras horas pero con el descuento en aquella del tiempo invertido en la misma.

d) La formación teórica siempre debe ser en horario dentro de la jornada de trabajo y la formación práctica puede impartirse tanto dentro como fuera de la jornada de trabajo.

28. Los Delegados de Prevención:

a) Son representantes de los sindicatos con funciones específicas en materia de prevención de riesgos laborales.

b) Son representantes de la empresa con funciones específicas en materia de prevención de riesgos laborales.

c) Son representantes de los trabajadores con funciones específicas en materia de prevención de riesgos laborales.

d) Son representantes ajenos a la empresa con funciones específicas en materia de prevención de riesgos laborales.

29. Se considera como "condición de trabajo":

a) Cualquier característica del trabajo que pueda tener una influencia significativa en la generación de riesgos para la seguridad y la salud del trabajador, quedando excluidas las características generales de los locales e instalaciones, existentes en el centro de trabajo.

b) La naturaleza de los agentes físicos, químicos y biológicos presentes en el ambiente de trabajo y sus correspondientes intensidades, concentraciones o niveles de presencia además de las instalaciones, incluidas las características organizativas del trabajo.

c) Todas aquellas características del trabajo, excluidas las relativas a su organización y ordenación, que influyan en la magnitud de los riesgos a que esté expuesto el trabajador.

d) Todas son correctas.

30. ¿Cuál de los siguientes apartados no es una disciplina técnica de la prevención de riesgos laborales?

a) Seguridad en el trabajo.
b) Medicina Preventiva.
c) Higiene industrial.
d) Ergonomía y psicosociología aplicada.

31. ¿Cuál de los siguientes principios generales de la acción preventiva a aplicar en el trabajo, contenidos en la Ley de Prevención de Riesgos Laborales, es incorrecto?

a) Evaluar los riesgos que no se pueden evitar.
b) Priorizar medidas individuales a las colectivas.
c) Combatir los riesgos en su origen.
d) Tener en cuenta la evolución de la técnica.

32. En relación con la vigilancia de la salud que ha de garantizar el empresario, el acceso a la información médica de carácter personal:

a) Se limitará al empresario y a los Servicios de Prevención propios.
b) Se limitará al Jefe inmediato del trabajador.
c) Solo será accesible al propio trabajador.
d) Se limitará al personal médico y a las autoridades sanitarias que lleven a cabo la vigilancia.

33. A efectos de determinar el número de Delegados de Prevención se tendrá en cuenta que, se computarán como trabajadores fijos de plantilla los trabajadores vinculados por contratos de duración determinada superior a:

a) 6 meses.
b) Un año.
c) Dos años.
d) Cuatro años.

34. La actividad preventiva deberá planificarse:

a) Para un período determinado.
b) Para un período ilimitado.
c) Anualmente.
d) Para un período máximo de 3 años.

35. Podrán realizar el plan de prevención de riesgos laborales, la evaluación de riesgos y la planificación de la actividad preventiva de forma simplificada, en atención a la naturaleza y peligrosidad de las actividades realizadas, empresas cuyo número de trabajadores no exceda de:

a) 30.
b) 50.
c) 80.
d) 100.

Solución al test n.º 7

1. d) Los delegados de prevención.

2. a) La posibilidad de que un trabajador sufra un determinado daño derivado del trabajo.

3. c) Conjunto de actividades o medidas adoptadas o previstas en todas las fases de actividad de la empresa con el fin de evitar o disminuir los riesgos derivados del trabajo.

4. a) La Ley de Prevención de Riesgos Laborales se aplica a los operativos de Seguridad civil en casos de catástrofe.

5. d) Ley 31/1995, de 8 de noviembre.

6. b) Evaluar los riesgos que se puedan evitar.

7. d) El delegado de personal.

8. b) 50 o más trabajadores.

9. a) Más de 500 trabajadores.

10. a) La probabilidad de que se produzca.

11. b) Comprobar que las empresas contratistas y subcontratistas concurrentes en su centro de trabajo han establecido los necesarios medios de coordinación entre ellas.

12. d) El órgano de representación de personal podrá acordar la paralización de la actividad.

13. c) Las enfermedades, patologías o lesiones sufridas con motivo u ocasión del trabajo.

14. c) La planificación de la actividad laboral.

15. c) Informar de inmediato a su superior jerárquico directo, y a los trabajadores designados para realizar las actualizaciones que consideren oportunas en el equipo de protección individual.

16. d) En las empresas de hasta diez trabajadores, con varios centros de trabajo, el empresario podrá asumir personalmente las funciones relativas al deber de prevención de riesgos profesionales.

17. a) En ningún caso podrán desarrollar para empresas las funciones correspondientes a los servicios de prevención.

18. c) Siempre y con carácter previo a la evaluación inicial de riesgos.

19. a) La evaluación de riesgos y la planificación de la actividad preventiva.

20. a) Deberá realizarse en caso de imposibilidad de adaptación del propio puesto.

21. b) El plan de prevención.

22. b) La presente Ley tiene por objeto promover la seguridad y la salud de los trabajadores mediante la aplicación de medidas y el desarrollo de las actividades necesarias para la prevención de riesgos derivados del trabajo.

23. c) Cuando los riesgos no se puedan evitar o no puedan limitarse.

24. b) Sí.

25. d) Por los Servicios de Prevención.

26. b) Utilizar correctamente los medios y equipos de protección facilitados por el empresario, de acuerdo con las instrucciones recibidas de este.

27. c) Impartirse, siempre que sea posible, dentro de la jornada de trabajo o, en su defecto, en otras horas pero con el descuento en aquella del tiempo invertido en la misma.

28. c) Son representantes de los trabajadores con funciones específicas en materia de prevención de riesgos laborales.

29. b) La naturaleza de los agentes físicos, químicos y biológicos presentes en el ambiente de trabajo y sus correspondientes intensidades, concentraciones o niveles de presencia además de las instalaciones, incluidas las características organizativas del trabajo.

30. b) Medicina Preventiva.

31. b) Priorizar medidas individuales a las colectivas.

32. d) Se limitará al personal médico y a las autoridades sanitarias que lleven a cabo la vigilancia.

33. b) Un año.

34. a) Para un período determinado.

35. b) 50.

TEST N.º 8

El Plan en gestión de la calidad y seguridad del paciente de la Gerencia Regional de Salud de Castilla y León. Dimensiones de la calidad asistencial pública

1. ¿Qué período abarca el Plan actual en gestión de la calidad y seguridad del paciente en el Servicio de Salud de Castilla y León?

a) Desde el año 2020 al 2024.
b) Desde el año 2021 al 2025.
c) Desde el año 2022 al 2026.
d) Desde el años 2023 al 2027.

2. ¿Qué entidad pública debe establecer las líneas estratégicas del Plan actual en gestión de la calidad y seguridad del paciente en el Servicio de Salud de Castilla y León?

a) La Dirección General de Calidad de Castilla y León.
b) La Consejería de Salud de la Comunidad Autónoma de Castilla y León.
c) La Gerencia Regional de Salud de Castilla y León.
d) El Consejo Interterritorial de Salud.

3. ¿Qué objetivo persigue el Plan actual en gestión de la calidad y seguridad del paciente en el Servicio de Salud de Castilla y León?

a) Establecer las líneas estratégicas de la Gerencia Regional de Salud relacionadas con la gestión de la calidad y la mejora de la seguridad del paciente.
b) Facilitar el despliegue del Plan en todos los centros sanitarios.
c) Las opciones a) y b) son correctas.
d) Las opciones a) y b) no son correctas.

4. ¿Qué persigue fundamentalmente el actual Plan en gestión de la calidad y seguridad del paciente en el Servicio de Salud de Castilla y León, con una reorientación estratégica y avances en los modelos de gestión, desarrollar herramientas que ayuden a los profesionales e implementar iniciativas para transformar el sistema? Persigue fundamentalmente...

a) La mejora en los insumos que se introducen en salud.
b) La mejora en los procesos o transformaciones a llevar a cabo en salud.

c) La mejora de los resultados en salud.
d) Nada de lo anterior es cierto.

5. ¿Qué patología en los últimos tiempos ha puesto de manifiesto la necesidad de disponer de recomendaciones claras que velen por la seguridad de los pacientes y aporten confianza a los profesionales que intervienen en su atención?

a) La viruela del mono.
b) La Covid- 19.
c) Meningoencefalitis asociada al virus del Nilo.
d) Encefalitis espongiforme de Creutzfeldt-Jakob.

6. ¿Cuántos ejes de actuación se plantean en el Plan en gestión de la calidad y seguridad del paciente del SACYL orientados a reforzar aquellos aspectos clave que hagan posible la transformación de la organización hacia el modelo de sanidad que se desea? Se plantean...

a) 4 ejes de actuación.
b) 8 ejes de actuación.
c) 16 ejes de actuación.
d) 25 ejes de actuación.

7. ¿Qué eje de actuación del Plan en gestión de la calidad y seguridad del paciente del SACYL, está relacionado con mejorar la seguridad del paciente, fomentando la implantación de buenas prácticas en seguridad del paciente?

a) Ruta hacia la excelencia.
b) No hacer y bue n hacer.
c) La hora de las TIC.
d) Paciente seguro. Otras prácticas seguras.

8. ¿Qué modelo se emplea en el SACYL como herramienta para ayudar a las organizaciones a mejorar su rendimiento de forma significativa, como marco de transformación del sistema y dar respuesta a los retos a los que nos enfrentamos como organización? El modelo...

a) ISO.
b) EFQM.
c) AENOR.
d) Deming.

9. ¿Qué metodología ha demostrado ser efectiva para reconducir los procesos de manera ágil y sencilla, disminuir los riesgos de error asociados y eliminar las actividades que no aportan valor para centrarse en aquellas que sí lo aportan? La metodología...

a) LEAN.
b) PRIZE.

c) BLADRIGE.
d) MALCOME.

10. ¿A qué fase de las acciones asociadas para mejora de resultados en la ruta hacia la excelencia pertenece la acción asociada: Implementar el sistema de evaluación externa y de reconocimiento? A la fase...

a) Primera.
b) Segunda.
c) Tercera.
d) Cuarta.

11. ¿Qué patologías se persiguen disminuir con el objetivo del plan "Paciente seguro. Infección Zero"? Disminución de la incidencia de...

a) Las GEAs y de la transmisión de MMR.
b) Las infecciones quirúrgicas a nivel sanitario de la transmisión de MMR.
c) Las IRAS y de la transmisión de MMR.
d) Las infecciones nosocomiales y de la transmisión de MMR.

12. ¿Cuál se considera el evento adverso prevenible más frecuente en los hospitales de nuestro país?

a) Las GEAs.
b) Las infecciones urinarias.
c) Las infecciones quirúrgicas.
d) Las IRAS.

13. La estrategia PRAN a nivel nacional está relacionada con...

a) La recopilación de efectos adversos que producen los antibióticos en la población.
b) La resistencia de los gérmenes a los antibióticos.
c) Las opciones a) y b) son correctas.
d) Las opciones a) y b) no son correctas.

14. ¿Con qué pacientes se debe tener especialmente cuidado respecto a la prescripción de pruebas diagnósticas que impliquen el empleo de radiación ionizante?

a) Ancianos.
b) Mujeres en edad no fértil.
c) Adultos jóvenes.
d) Menores de 18 años.

15. ¿Qué aplicación informática que se emplea en el SACYL está relacionada con el proceso de atención al paciente renal?

a) CIRUS.
b) SISNOT.
c) VERSIA.
d) SIL.

16. Con el Programa Bacteriemia Zero se realizara la intervencion estandarizada de prevencion de la bacteriemia relacionada con la insercion y manejo de cateteres venosos centrales mediante:

a) Analisis causa raiz (ACR).
b) Analisis de datos agregados.
c) Version simplificada del analisis causa raiz (ACR).
d) Programa STOP- BRC.

Solución al test n.º 8

1. c) Desde el año 2022 al 2026.

2. c) La Gerencia Regional de Salud de Castilla y León.

3. c) Las opciones a) y b) son correctas.

4. c) La mejora de los resultados en salud.

5. b) La Covid- 19.

6. b) 8 ejes de actuación.

7. d) Paciente seguro. Otras prácticas seguras.

8. b) EFQM.

9. a) LEAN.

10. c) Tercera.

11. c) Las IRAS y de la transmisión de MMR.

12. d) Las IRAS.

13. b) La resistencia de los gérmenes a los antibióticos.

14. d) Menores de 18 años.

15. c) VERSIA.

16. d) Programa STOP- BRC.

TEST N.º 9

**Principios fundamentales de la Bioética: dilemas éticos.
Normas legales de ámbito profesional.
El secreto profesional: concepto y regulación jurídica**

1. ¿A qué se denomina la parte del conocimiento humano que trata y se interesa de los principios y los conceptos base que están o deberían estar en el pensamiento y actividad humanos?

a) Filosofía.
b) Humanidades.
c) Psicología.
d) Ética.

2. ¿Cuándo aparece el primer código deontológico de enfermería?

a) En época de Galeno.
b) En época de Hipócrates.
c) En 1893 (Hospital Harper-Detroit).
d) Cuando aparece el primer código deontológico médico.

3. La primera formulación a nivel ético e importante la constituye:

a) El «Juramento Hipocrático».
b) El «Juramento Sardónico».
c) Reglas de Moralidad de la Junta Suprema de Sanidad Española.
d) Declaración de Ginebra.

4. Todo lo que se expone de las características de las normas éticas es cierto, excepto:

a) Las normas han de cumplirse obligatoriamente, están positivadas y obviamente están ligadas al Estado.
b) Su cumplimiento o no, no tiene repercusión social ni jurídica.
c) Son cumplidas mediante el convencimiento interno.
d) Se pueden plasmar escritas en códigos deontológicos cuyo cumplimiento es exigido de alguna manera por organizaciones colegiales o asociaciones profesionales.

5. ¿Qué aspecto o cuestión posee valor extrínseco?

a) Aire.
b) Agua.
c) Salud.
d) Alimentos.

6. Una desacreditación de una persona por medio de manifestaciones o declaraciones públicas para hacerle perder su reputación es:

a) Difamación.
b) Calumnia.
c) Negligencia.
d) Agresión.

7. ¿Cómo se denomina cuando un asalto se produce de forma que se toca o afecta el cuerpo de otra persona sin su debido consentimiento?

a) Agravio.
b) Imprudencia.
c) Negligencia.
d) Agresión.

8. ¿Qué componente de Mayeroff es aquel que nos indica que el cuidado se llevará a cabo entre un continuum entre experiencias pasadas y la situación presente, entre la atención concreta y pormenorizada y la atención global?

a) Paciencia.
b) Honestidad.
c) Alternancia del ritmo.
d) Conocimiento.

9. ¿Qué afirmación es correcta?

a) La ética no es una materia subjetiva.
b) Para la solución de los problemas éticos se necesita la aplicación de un proceso ilógico pero moral.
c) La solución de los problemas éticos o morales que se plantean en la práctica clínica no requiere una intervención por parte del personal sanitario con el fin de solucionarlos.
d) No es necesaria la aplicación de un método científico en la práctica de enfermería, ya que con la ética se solucionan los problemas que surjan.

10. ¿Qué modalidad de ética es aquella que supone la comprensión de lo que define a una profesión y sus funciones, establece si esta profesión constituye o no nuestro absoluto profesional y adecua nuestro comportamiento según ese absoluto profesional elegido?

a) Ética laboral.
b) Ética profesional.
c) Ética personal.
d) Ética global.

11. ¿Qué tipo de relación asistencia en enfermería es aquella que mantienen dos o más personas y de la que se sigue un producto o fin?

a) Relación primaria.
b) Relación laboral.
c) Relación secundaria.
d) Relación profesional.

12. ¿Cómo se denomina aquella relación terapéutica que mantienen dos o más personas y de la que se sigue un producto o fin, donde se supone que el profesional de enfermería debe situarse en el papel del enfermo, para, desde esa situación, poder establecer una distancia y aportar salud en la medida de lo posible?

a) Relación primaria y simpática.
b) Relación secundaria y simpática.
c) Relación primaria y empática.
d) Relación secundaria y empática.

13. Toda investigación o experimentación realizada en seres humanos debe hacerse de acuerdo con los principios éticos básicos de:

a) Respeto a las personas y a los animales.
b) Respeto a las personas y búsqueda del bien.
c) Respeto a las personas, búsqueda de la justicia y respeto a los animales.
d) Respeto a las personas, búsqueda del bien y de la justicia.

14. ¿En qué documento normativo el sujeto debe expresar voluntariamente su intención de participar en el ensayo clínico, después de haber comprendido los objetivos del estudio, beneficios, incomodidades y riesgos previstos, alternativas posibles, derechos y responsabilidades?

a) De últimas voluntades.
b) De protección de datos.
c) De consentimiento informado.
d) De experimentación humana permitida.

15. ¿Qué concepto se refiere a la forma en que un individuo percibe los requisitos necesarios para que las personas vivan en sociedad y cómo responde a ellos?

a) Biosociología.
b) Conducta moral.
c) Moralidad.
d) Desarrollo moral.

16. Con los requisitos necesarios para que las personas vivan en sociedad nos referimos a:

a) La autonomía.
b) La confidencialidad.
c) El consentimiento.
d) La moralidad.

17. ¿Qué principio ético incumple el encarnizamiento u obstinación terapéutica?

a) Principio de autonomía.
b) Principio de no maleficencia.
c) Principio de beneficencia.
d) Principio de justicia.

18. ¿Qué es falso de la relación clínica basada en el modelo informativo?

a) En términos técnicos se informa al usuario para que pueda elegir la intervención que desee, y que el facultativo llevará a cabo.
b) Concibe la autonomía del usuario/paciente.
c) El médico proporciona toda la información relevante al paciente.
d) El paciente no participa en la toma de decisiones médicas.

19. ¿Qué normativa es la que regula el aborto en nuestro país?

a) Ley Orgánica 2/2010.
b) Ley 41/2002.
c) Ley Orgánica 15/1999.
d) Ley Orgánica 10/1995.

20. ¿Qué es el estado de bienestar físico, psicológico y sociocultural relacionado con la sexualidad, que requiere un entorno libre de coerción, discriminación y violencia?

a) Salud.
b) Salud sexual.
c) Salud de gestante.
d) Salud reproductiva.

21. ¿Cada cuánto tiempo y de oficio los centros que hayan procedido a una interrupción voluntaria de embarazo deberán cancelar la totalidad de los datos de la paciente, contando a partir de la fecha de alta tras la intervención?

a) Cada 10 años.
b) Cada 5 años.
c) Cada año.
d) Desde el mismo momento del alta.

22. ¿Hasta qué momento máximo de la gestación se podrá interrumpir el embarazo a petición de la embarazada, siempre que concurran los requisitos que indica la ley?

a) Hasta la 8.ª semana de gestación.
b) Hasta la 12.ª semana de gestación.
c) Hasta la 14.ª semana de gestación.
d) Hasta la 22.ª semana de gestación.

23. ¿Quiénes conforman el Comité Clínico necesario en los casos de interrupción voluntaria del embarazo?

a) Un médico especialista en ginecología y obstetricia o expertos en diagnóstico prenatal, y un pediatra.
b) Dos médicos especialistas en ginecología y obstetricia o expertos en diagnóstico prenatal, y un pediatra.
c) Un médico especialista en ginecología y obstetricia o expertos en diagnóstico prenatal, una matrona y un pediatra.
d) Una matrona y un pediatra.

24. ¿Cómo se denomina la omisión planificada de los cuidados que facilita la muerte del paciente, que seguramente si estos se dieran prolongarían la vida del enfermo?

a) Distanasia.
b) Eutanasia activa.
c) Ortotanasia.
d) Eutanasia pasiva.

25. Según nuestra normativa, al que coopere con actos necesarios al suicidio de una persona se le impondrá la pena de prisión de:

a) 2 a 5 años.
b) 4 a 8 años.
c) 5 a 10 años.
d) No se le impondrá pena alguna.

26. ¿Qué tipo de actuación relacionada con la muerte está en España considerada como conducta delictiva?

a) Distanasia.
b) Eutanasia activa.
c) Ortotanasia.
d) Ninguna de las anteriores.

27. El que induzca al suicidio de otro será castigado con la pena de prisión de:

a) 2 a 5 años.
b) 4 a 8 años.
c) 5 a 10 años.
d) No se le impondrá pena alguna.

28. ¿Cómo se denomina el acto clínico que consiste en el examen realizado sobre el cadáver de una persona fallecida a causa de enfermedad, que tiene como objetivo final la confirmación de las causas de la muerte?

a) Ortotanasia.
b) Autopsia clínica.
c) Autopsia médico-forense.
d) Distanasia.

29. ¿Qué documento es necesario que se expida tras un óbito para acreditar de forma fehaciente el fallecimiento de su causante y se envía inmediatamente al Registro Civil?

a) Certificado de defunción.
b) Certificado de últimas voluntades.
c) Testamento vital.
d) Certificado de autopsia.

30. El examen realizado sobre el cadáver de una persona fallecida a causa de enfermedad, que tiene como objetivo final la confirmación de las causas de la muerte, se denomina:

a) Autopsia clínica.
b) Autopsia médico-forense.
c) Autopsia legal.
d) Autopsia premorten.

Solución al test n.º 9

1. d) Ética.

2. c) En 1893 (Hospital Harper-Detroit).

3. a) El «Juramento Hipocrático».

4. a) Las normas han de cumplirse obligatoriamente, están positivadas y obviamente están ligadas al Estado.

5. c) Salud.

6. a) Difamación.

7. d) Agresión.

8. c) Alternancia del ritmo.

9. a) La ética no es una materia subjetiva.

10. b) Ética profesional.

11. c) Relación secundaria.

12. d) Relación secundaria y empática.

13. d) Respeto a las personas, búsqueda del bien y de la justicia.

14. c) De consentimiento informado.

15. b) Conducta moral.

16. d) La moralidad.

17. b) Principio de no maleficencia.

18. d) El paciente no participa en la toma de decisiones médicas.

19. a) Ley Orgánica 2/2010.

20. b) Salud sexual.

21. b) Cada 5 años.

22. c) Hasta la 14.ª semana de gestación.

23. b) Dos médicos especialistas en ginecología y obstetricia o expertos en diagnóstico prenatal, y un pediatra.

24. d) Eutanasia pasiva.

25. a) 2 a 5 años.

26. b) Eutanasia activa.

27. b) 4 a 8 años.

28. b) Autopsia clínica.

29. a) Certificado de defunción.

30. a) Autopsia clínica.

TEST N.º 10

El Servicio de Farmacia Hospitalaria. Concepto general. Funciones del Servicio de Farmacia Hospitalaria. Organigrama. Estructura – recepción: Almacenamiento, Dispensación, Farmacotecnia, Farmacocinética

1. Los Servicios de Farmacia Hospitalaria están regulados según la legislación vigente por:

a) Ley de Hospitales de 21 de julio de 1962.
b) Orden 1 de febrero de 1977.
c) Ley 29/2006, de 26 de julio, de garantías y uso racional de medicamentos y productos sanitarios.
d) Por todo lo anterior.

2. La atención farmacéutica en los centros hospitalarios se prestará:

a) A través de Servicios de Farmacia Hospitalaria.
b) A través de almacén farmacéutico.
c) Exclusivamente por el depósito de medicamentos de las plantas hospitalarias.
d) Todas son ciertas.

3. En Hospitales de 50 camas será obligatorio:

a) El Servicio de Farmacia Hospitalario
b) El establecimiento de un depósito de medicamentos.
c) El botiquín.
d) Servicio de farmacia extrahospitalaria.

4. No es función del Servicio de Farmacia Hospitalaria:

a) Elaborar y dispensar fórmulas magistrales o preparados oficinales de acuerdo con las normas de correcta fabricación y los controles de calidad reglamentarios, cuando razones de disponibilidad o eficiencia lo hagan necesario o conveniente.
b) Establecer un sistema racional de distribución de medicamentos que garantice la seguridad, la rapidez y el control del proceso.

c) Dispensar estupefacientes y psicótropos sin cumplimiento de legislación vigente.

d) Dispensar y controlar los medicamentos de uso hospitalario prescritos a los pacientes ambulatorios por los facultativos médicos del propio hospital o, en su caso, del hospital de referencia, facilitando, con garantía de privacidad, información verbal y/o escrita para reforzar la adherencia a los tratamientos y asegurar su correcta conservación y utilización.

5. El Servicio de Farmacia Hospitalaria:

a) Deberá permitir la disponibilidad de los medicamentos durante al menos 8 horas al día.

b) Mientras permanezca abierto contará al menos con Técnico Especialista en Farmacia.

c) Únicamente dispensarán medicamentos para su aplicación en el propio establecimiento y aquellos otros para tratamientos extrahospitalarios que exijan una particular vigilancia, supervisión y control del equipo multidisciplinar de atención a la salud.

d) Todas son ciertas.

6. El SFH:

a) Forma parte de los Servicios centrales del Hospital.

b) Depende del director médico.

c) Está compuesto por personal facultativo y no facultativo.

d) Todas son correctas.

7. El máximo responsable del SFH es:

a) El jefe de sección.

b) El jefe de servicio.

c) El farmacéutico adjunto.

d) El doctor en Farmacia Hospitalaria.

8. Señala la respuesta incorrecta. Los depósitos de medicamentos de los Hospitales tienen como función:

a) Garantizar la correcta conservación, custodia y dispensación de medicamentos y productos sanitarios para su aplicación dentro del centro.

b) Establecer un sistema eficaz y seguro de dispensación de medicamentos en el centro, con la implantación de medidas que contribuyan a garantizar su correcta administración.

c) Informar al personal sanitario del centro y a los propios pacientes en materia de medicamentos, así como realizar estudios sistemáticos sobre su utilización.

d) Llevar a cabo actividades educativas sobre cuestiones de su competencia dirigidas al personal sanitario del hospital y a los pacientes.

9. La sección encargada de la dispensación de medicamentos no tiene como objetivo:

a) Proporcionar al paciente los medicamentos que necesite, informándole y aconsejándoles sobre este.

b) Facilitar el seguimiento del tratamiento prescrito.

c) Elaboración de la fórmula magistral.

d) Garantizar una correcta administración de los medicamentos.

10. ¿En qué sección del SFH se envasan y se etiquetan los medicamentos?

a) Área de Dispensación.

b) Área de Farmacotecnia.

c) Área de Gestión.

d) Área de Farmacovigilancia.

11. Son factores que delimitan el SFH:

a) Tipo de hospital.

b) Localización geográfica.

c) Prestaciones farmacéuticas a desarrollar.

d) Todos son factores.

12. Los SFH:

a) Estarán situados lo más cerca posible a zonas de decarga.

b) Es aconsejable su ubicación en las plantas bajas con acceso directo a la calle y a zonas de descarga habilitadas en lo posible solo para el Servicio de Farmacia.

c) Si no es posible la ubicación a ras de superficie, y tanto si se encuentran situados en plantas altas o bajas, deben estar próximos a ascensores de carga usados en exclusividad para estas tareas.

d) Todas son correctas.

13. La zona del SFH donde se coloca la mercancía hasta su revisión, confirmación y colocación, es la denominada zona de:

a) Dispensación.

b) Almacenamiento.

c) Recepción.

d) Descarga de mercancías.

14. Para poder realizar las funciones de dispensación ambulatoria, el SFH debe contar con:

a) Una zona dentro del Servicio de Farmacia cercana a la salida del mismo, con acceso directo y rápido desde la calle.

b) Una habitación con una mesa de trabajo y sillas: en ella el farmacéutico realiza el acto de la dispensación y la información de medicamentos.

c) Una antesala: con sillas donde los pacientes puedan esperar su turno.

d) Con todo lo anterior se debe contar.

15. La dispensación de medicación a los pacientes ingresados se realiza a través de:

a) *Stock* de planta.
b) Sistemas de dosis día individualizada.
c) Desde el almacén de medicamentos.
d) Las respuestas a) y b) son correctas.

16. Los SFH deberán implementar, para todos los pacientes hospitalizados, el Sistema de Distribución de Medicamentos en Dosis Unitaria; este sistema debe tener:

a) Envases unitarios.
b) Cantidad disponible para 48 horas.
c) Actualizado el perfil farmacocinetico de los pacientes.
d) Todas son correctas.

17. No es una condición del procedimiento de reenvasado del Sistema de distribución de Medicamentos en Dosis Unitaria:

a) Verificación de las condiciones organolépticas del medicamento a reenvasar.
b) Compresión del procedimiento de reenvasado por parte del personal que intervenga.
c) No se deben fraccionar los blísteres.
d) Sellado del empaque y etiquetado.

18. La Zona administrativa del SFH se ubicará:

a) Próxima a la calle.
b) Próxima a la zona de dispensación.
c) Próxima al área de farmacotecnia.
d) Próxima al almacén de medicamentos.

19. El área de farmacotecnia:

a) Es el área de dispensación de medicamentos de los pacientes ingresados.
b) Es el área de elaboración de fórmulas farmacéuticas que no se realizan en la industria farmacéutica.
c) Es un área estéril.
d) Todas son correctas.

20. Señala la respuesta correcta con respecto a la dispensación de medicamento en los servicios de farmacia hospitalaria:

a) Solamente se dispensan medicamentos para pacientes ingresados en el hospital.
b) Además de la dispensación intrahospitalaria también se realiza la extrahospitalaria.
c) No se dispensan fórmulas magistrales ni preparados oficinales.
d) La dispensación se realiza en horario restringido de mañana.

21. El servicio de farmacia hospitalaria se divide en cuatro áreas:

a) Asistencial, administrativa, científica y técnica.
b) Asistencial, administrativa, científica y asesora.
c) Asistencial, administrativa, científica y ética.
d) Asistencial, administrativa, asesora y técnica.

22. ¿Cuál es la sección encargada de evaluar los fármacos terapéuticamente más eficaces y seguros para el paciente, teniendo en cuenta también una adecuada calidad y coste?

a) La sección de farmacia clínica.
b) La sección de dispensación.
c) La sección de elaboración.
d) La sección de farmacotécnia.

23. La estructura de un Servicio de Farmacia debe cumplir una serie de objetivos como, por ejemplo:

a) Reducir los desplazamientos internos dentro del mismo servicio para poder desarrollar las actividades.
b) Las áreas que se establezcan deben ser modificables o ampliables en función de las necesidades no solo actuales sino también futuras.
c) Ubicación del Servicio de Farmacia en la zona más idónea del hospital, en función de las prestaciones del mismo como Servicio central del hospital.
d) Todas las respuestas son correctas.

24. No debe disponerse en los servicios clínicos o estaciones de enfermería de dosis de medicamentos mayores a las necesarias para:

a) 10 horas.
b) 12 horas.
c) 18 horas.
d) 24 horas.

25. El área de farmacotécnia se divide en:

a) Área de elaboración o de preparación de formas farmacéuticas no estériles, Área de reenvasado y Área de análisis y control de medicamentos.
b) Área de elaboración o de preparación de formas farmacéuticas estériles, Área de elaboración o de preparación de formas farmacéuticas no estériles y Área de análisis y control de medicamentos.
c) Área de elaboración o de preparación de formas farmacéuticas estériles, Área de reenvasado y Área de pruebas y ensayos.
d) Área de control de calidad, Área de reenvasado y Área de análisis de medicamentos.

26. ¿Dentro de qué zona del Centro de información de medicamentos se encuentra el lugar donde se almacenan las revistas, libro y material en soporte informático, básicas para llevar a cabo una adecuada información sobre medicamentos?

a) En la zona de reuniones.
b) En la zona de trabajo.
c) En la zona de descanso.
d) En la zona de biblioteca.

27. El Área Asistencial se subdivide en las siguientes secciones:

a) De control, de elaboración y de prueba.
b) De dispensación, de control y de farmacotecnia.
c) De farmacotécnia, de recepción y de entrega.
d) De dispensación, de elaboración o farmacotecnia, y de farmacia clínica.

28. ¿En qué sección se preparan las fórmulas magistrales y normalizadas, mezclas parenterales, citostáticos, nutrición parenteral y enteral?

a) En la sección de farmacia clínica.
b) En la sección de laboratorio.
c) En la sección de farmacotecnia.
d) En la sección de ensayos técnicos.

29. ¿Cuál es la sección encargada de la gestión de compras y almacén, de realizar estadísticas de consumo y de los costes, y del mantenimiento del sistema informático?

a) La sección de logística.
b) La sección técnica.
c) La sección administrativa.
d) La sección de oficina.

30. ¿En qué sección del Área Asistencial se envasan y etiquetan los productos, se reenvasan las formas orales y líquidas, se realizan los análisis y se ejerce el control sobre las materias primas o los productos elaborados?

a) En la sección de farmacia clínica.
b) En la sección de dispensación.
c) En la sección de farmacotecnia.
d) En la sección de experimentación.

31. Las etiquetas o rótulos de los medicamentos que se reempaqueten o reenvasen deben asegurar la máxima legibilidad, contraste y durabilidad. Deberán contener:

a) Forma farmacéutica y vía de administración.
b) Concentración del contenido final.

c) Nombre del medicamento, bajo la Denominación Común Internacional.
d) Todas las respuestas son correctas.

32. Es obligatorio el establecimiento de un depósito de medicamentos en los hospitales de menos de:

a) 200 camas.
b) 100 camas.
c) 50 camas.
d) 500 camas.

33. Son funciones de los servicios de farmacia hospitalaria:

a) Participar en el proceso multidisciplinar de selección de los medicamentos precisos para el hospital, bajo criterios de eficacia, seguridad, calidad y economía.
b) Adquirir y suministrar los medicamentos seleccionados, asumiendo la responsabilidad de su calidad, cobertura de las necesidades, almacenamiento, período de validez, conservación, custodia, distribución y dispensación.
c) Elaborar fórmulas magistrales o preparados oficinales de acuerdo con las normas y los controles de calidad reglamentarios, cuando razones de disponibilidad o eficiencia lo hagan necesario o conveniente.
d) Todas son funciones.

34. La Unidad de terapia intravenosa no permite preparar:

a) Nutrición enteral.
b) Citostáticos.
c) Mezclas intravenosas.
d) Otras mezclas de administración intravenosa, de acuerdo con el volumen de carga del servicio.

Solución al test n.º 10

1. d) Por todo lo anterior.

2. a) A través de Servicios de Farmacia Hospitalaria.

3. b) El establecimiento de un depósito de medicamentos.

4. c) Dispensar estupefacientes y psicótropos sin cumplimiento de legislación vigente.

5. c) Únicamente dispensarán medicamentos para su aplicación en el propio establecimiento y aquellos otros para tratamientos extrahospitalarios que exijan una particular vigilancia, supervisión y control del equipo multidisciplinar de atención a la salud.

6. d) Todas son correctas.

7. b) El jefe de servicio.

8. d) Llevar a cabo actividades educativas sobre cuestiones de su competencia dirigidas al personal sanitario del hospital y a los pacientes.

9. c) Elaboración de la fórmula magistral.

10. b) Área de Farmacotecnia.

11. d) Todos son factores.

12. d) Todas son correctas.

13. c) Recepción.

14. d) Con todo lo anterior se debe contar.

15. d) Las respuestas a) y b) son correctas.

16. a) Envases unitarios.

17. c) No se deben fraccionar los blísteres.

18. b) Próxima a la zona de dispensación.

19. b) Es el área de elaboración de fórmulas farmacéuticas que no se realizan en la industria farmacéutica.

20. b) Además de la dispensación intrahospitalaria también se realiza la extrahospitalaria.

21. b) Asistencial, administrativa, científica y asesora.

22. a) La sección de farmacia clínica.

23. d) Todas las respuestas son correctas.

24. d) 24 horas.

25. a) Área de elaboración o de preparación de formas farmacéuticas no estériles, Área de reenvasado y Área de análisis y control de medicamentos.

26. d) En la zona de biblioteca.

27. d) De dispensación, de elaboración o farmacotecnia, y de farmacia clínica.

28. c) En la sección de farmacotecnia.

29. c) La sección administrativa.

30. c) En la sección de farmacotecnia.

31. d) Todas las respuestas son correctas.

32. b) 100 camas.

33. d) Todas son funciones.

34. a) Nutrición enteral.

TEST N.º 11

Servicio de Farmacia de Atención Primaria. Concepto. Funciones. Organigrama. Estructura

1. Las acciones destinadas a la defensa de la salud que actúan sobre el medio ambiente es definido como:

a) Promoción de la salud.
b) Prevención de la salud.
c) Protección de la salud.
d) Restauración de la salud.

2. Las acciones encaminadas a mejorar el nivel de salud de los individuos y colectivos, con el fin de que las personas dejen de tener hábitos perjudiciales y desarrollen estilos de vida saludables es definido como:

a) Restauración de la salud.
b) Fomento de la salud.
c) Promoción de la salud.
d) Prevención de la enfermedad.

3. Las acciones que intentan impedir la aparición de la enfermedad es definido como:

a) Prevención de la enfermedad.
b) Restauración de la salud.
c) Promoción de la salud.
d) Fomento de la salud.

4. A partir de la Conferencia de Alma-Ata se priorizó:

a) El primer nivel asistencial. Atención primaria.
b) El segundo nivel asistencial.
c) El comité de expertos en atención primaria.
d) La investigación en atención tecnificada.

5. ¿En qué fecha se hizo pública en Alma-Ata, capital de Kazajstán, antigua República Soviética, la Conferencia Internacional sobre Atención Primaria de Salud?

a) El 12 de septiembre de 1978.
b) El 15 de octubre de 1978.
c) El 19 de noviembre de 1978.
d) El 2 de enero de 1980.

6. Cuando decimos que la Atención Primaria de la salud es integral nos referimos:

a) A que considera al individuo desde una perspectiva biológica, psicológica y social.
b) A que interrelaciona los elementos de promoción, prevención, tratamiento, rehabilitación y reinserción social.
c) A que el trabajo se realiza en equipo.
d) A que atiende a la población a lo largo de la vida y en cualquier circunstancia.

7. No es una característica de la Atención Primaria de la Salud:

a) Integrada.
b) Continuada.
c) Holística.
d) Multidisciplinar.

8. ¿Qué características conceptuales están descritas en la Atención Primaria de salud?

a) Integral, integrada, continuada, permanente, activa, accesible.
b) Equipo multidisciplinar, comunitaria y participativa.
c) Programada y evaluable, docente e investigadora.
d) Todas las anteriores.

9. No es un objetivo del área de Atención Primaria:

a) Educación para la salud.
b) Reinserción social.
c) Atención Paliativa.
d) Salud materno-infantil.

10. Es un objetivo de la Atención Primaria de Salud:

a) Prestar asistencia ambulatoria especializada.
b) Promover la hospitalización de los pacientes.
c) El tratamiento temprano de las enfermedades para evitar hospitalizaciones innecesarias.
d) Todos los anteriores lo son.

11. Es un objetico de la Atención Primaria de Salud:

a) Elevación del nivel de salud a los ciudadanos y comunidad.
b) Participación comunitaria. Acercamiento entre usuarios y profesionales.
c) Investigación y Docencia.
d) Todas son correctas.

12. ¿En qué conferencia internacional se define la Atención Primaria de Salud como una asistencia sanitaria puesta al alcance de todos los individuos y familias de la comunidad, por medios que le sean aceptables, con su plena participación y a un coste que la comunidad y país puedan soportar?

a) En la Carta de Ottawa.
b) En la Declaración de Yakarta.
c) En la Declaración de Alma-Ata.
d) En el Documento de salud 21.

13. La población de referencia a la que debe ofrecer cobertura sanitaria cada zona de salud se establece entre unos mínimos y máximos de población adscrita:

a) Entre 5000 y 10000 habitantes.
b) Entre 2000 y 10000 habitantes.
c) Entre 5000 y 25000 habitantes.
d) Entre 2000 y 25000 habitantes.

14. ¿Cómo se denominan las demarcaciones territoriales, en las que se organiza un sistema sanitario coordinado e integral?

a) Zona de salud.
b) Departamento.
c) Área de Salud.
d) Centro de Salud.

15. Las zonas básicas de salud se delimitan teniendo en cuenta los siguientes factores:

a) Las distancias o isócronas máximas de las agrupaciones de población más alejadas de los servicios.
b) Las características epidemiológicas de la zona.
c) Las instalaciones y recursos de la zona.
d) Todas son correctas.

16. La ZBS:

a) Es la demarcación geográfica delimitada por fronteras.
b) Es accesible solo en el área de salud.

c) Es capaz de proporcionar una atención de salud continuada, integral y permanente.
d) Todas son correctas.

17. El Área de Salud extiende su acción a una población no inferior a:

a) 150.000 habitantes.
b) 200.000 habitantes.
c) 20.000 habitantes.
d) 5.000 habitantes.

18. La Zona Básica de Salud:

a) Es la demarcación poblacional y geográfica fundamental.
b) Está delimitada a una determinada población.
c) Es accesible desde todos los puntos y capaz de proporcionar una atención de salud continuada, integral y permanente.
d) Todas son correctas.

19. Define EAP:

a) Conjunto de profesionales sanitarios y no sanitarios cuyo ámbito territorial de actuación es la ZBS y con localización física en el Centro de Salud.
b) Grupo de personas que trabaja en el mismo Centro de Salud.
c) El grupo que conforme el equipo de salud se ha de configurar basándose en los integrantes del mismo.
d) Grupo de personas que realizan diferentes aportaciones, con una metodología compartida frente a un objetivo común.

20. Los centros de salud:

a) Son la estructura física y funcional que permite el desarrollo de Atención Primaria y Atención Especializada.
b) Son centros integrales que desarrolla actividades encaminadas a la promoción, prevención, curación y rehabilitación de la salud.
c) Su función es solo asistencial.
d) Todas son correctas.

21. En referencia a la Farmacia de Atención Primaria, señala lo correcto:

a) Se diferencia de la actividad del farmacéutico de oficina de farmacia porque no vende ni dispensa medicamentos.
b) Los farmacéuticos de AP (FAP) son licenciados en Farmacia que se responsabilizan de conseguir un uso adecuado de los medicamentos en la AP.
c) Cumplen funciones de Farmacia Clínica orientadas a los profesionales sanitarios (médicos, enfermeros) y hacia los pacientes (Atención Farmacéutica).
d) Todas son correctas.

22. Cada área sanitaria contará como mínimo con:

a) 1 SFAP.
b) 2 SFAP.
c) 5 SFAP.
d) 10 SFAP.

23. Son funciones de los servicios farmacéuticos de atención primaria:

a) Asumir la responsabilidad técnica de la adquisición, custodia, conservación y suministro de medicamentos.
b) Preparar fórmulas magistrales o preparados oficinales.
c) Establecer un sistema eficaz y seguro de suministro, custodia o distribución de medicamentos en los depósitos.
d) Todas son funciones.

24. ¿Dónde desarrolla sus actividades y funciones el Equipo de Atención Primaria?

a) En el Centro de Salud.
b) En los Centros de Especialidades.
c) En los Hospitales.
d) En los Consultorios.

25. Una de las funciones de los servicios farmacéuticos de atención primaria es:

a) Establecer un sistema eficaz y seguro de suministro, custodia o distribución de medicamentos en los depósitos.
b) Proporcionar información objetiva y contrastada sobre los medicamentos y demás productos farmacéuticos.
c) Asumir la responsabilidad técnica de la adquisición, custodia, conservación y suministro de medicamentos a los depósitos dependientes de ellos, así como de la dispensación para su aplicación dentro del servicio o de las estructuras de atención primaria del sistema de salud.
d) Todas las respuestas son correctas.

26. Los servicios farmacéuticos de Área de salud, deben contar con lo siguiente:

a) Almacenes generales y específicos.
b) Zona destinada a la administración.
c) Zona de gestión.
d) Todas son correctas.

27. En todos los CS o estructuras del área donde se ubique el servicio de farmacia se autoriza:

a) La existencia de medicamentos dependientes del mismo.
b) La realización de preparados estériles.

c) Suministrar al paciente medicamentos citostáticos.
d) Todas son correctas.

28. El conjunto de los medios materiales y humanos del sistema de salud puestos a disposición de la población, para atender al individuo, la familia y la comunidad en sus problemas de salud, relativos a la promoción de la salud, prevención de la enfermedad, tratamiento, curación y rehabilitación, se denomina:

a) Sistema Sanitario Integral.
b) Red Básica Sanitaria.
c) Atención Especializada de Salud.
d) Atención Primaria de Salud.

29. ¿Dónde tuvo lugar la Conferencia Internacional sobre Atención Primaria de Salud que se celebró el 12 de septiembre de 1978?

a) En Nueva Deli (India).
b) En Mogadiscio.
c) En Alma-Ata (Kazajstán).
d) En Trípoli (Líbano).

30. ¿Cómo se denominan las estructuras fundamentales del sistema sanitario, responsabilizadas de la gestión unitaria de los centros y establecimientos del Servicio de Salud de la Comunidad Autónoma en su demarcación territorial y de las prestaciones sanitarias y programas sanitarios a desarrollar por ellos?

a) Demarcaciones Sanitarias.
b) Distritos Sanitarios.
c) Áreas de Salud.
d) Ambulatorios.

31. Las Áreas de Salud se delimitan teniendo en cuenta factores:

a) Laborales.
b) Epidemiológicos.
c) Socioeconómicos.
d) Todas las respuestas son correctas.

Solución al test n.º 11

1. c) Protección de la salud.

2. c) Promoción de la salud.

3. a) Prevención de la enfermedad.

4. a) El primer nivel asistencial. Atención primaria.

5. a) El 12 de septiembre de 1978.

6. a) A que considera al individuo desde una perspectiva biológica, psicológica y social.

7. c) Holística.

8. d) Todas las anteriores.

9. c) Atención Paliativa.

10. c) El tratamiento temprano de las enfermedades para evitar hospitalizaciones innecesarias.

11. d) Todas son correctas.

12. c) En la Declaración de Alma-Ata.

13. c) Entre 5000 y 25000 habitantes.

14. c) Área de Salud.

15. d) Todas son correctas.

16. c) Es capaz de proporcionar una atención de salud continuada, integral y permanente.

17. b) 200.000 habitantes.

18. d) Todas son correctas.

19. a) Conjunto de profesionales sanitarios y no sanitarios cuyo ámbito territorial de actuación es la ZBS y con localización física en el Centro de Salud.

20. b) Son centros integrales que desarrolla actividades encaminadas a la promoción, prevención, curación y rehabilitación de la salud.

21. d) Todas son correctas.

22. a) 1 SFAP.

23. d) Todas son funciones.

24. a) En el Centro de Salud.

25. d) Todas las respuestas son correctas.

26. d) Todas son correctas.

27. a) La existencia de medicamentos dependientes del mismo.

28. d) Atención Primaria de Salud.

29. c) En Alma-Ata (Kazajstán).

30. c) Áreas de Salud.

31. d) Todas las respuestas son correctas.

TEST N.º 12

Ley española de garantías y uso racional del medicamento y productos sanitarios

1. La Ley 29/2006, de julio, de Garantías y Uso Racional de los Medicamentos y productos Sanitarios, ha sido derogada por:

a) Ley 1/2015 de 24 de agosto.
b) Real Decreto legislativo 1/2015, de 24 de julio.
c) Ley Orgánica 1/2015 de 10 de abril.
d) Decreto legislativo 1/2015, de 26 de enero.

2. El Real Decreto Legislativo 1/2015, de 24 de julio, por el que se aprueba el Texto Refundido de la Ley de Garantías y Uso Racional de los Medicamentos y Productos Sanitarios. Dicho Real Decreto Legislativo se estructura:

a) En un título preliminar, y diez títulos, más 16 disposiciones adicionales, 2 transitorias, 1 derogatoria y 1 final.
b) En un título preliminar, y ocho títulos, más 6 disposiciones adicionales, 3 transitorias, 1 derogatoria y 1 final.
c) En un título preliminar, y once títulos, más 16 disposiciones adicionales, 3 transitorias, 1 derogatoria, y 2 finales.
d) En un título preliminar, y diez títulos, más 4 disposiciones adicionales, 3 transitorias, 1 derogatoria y 1 final.

3. El Real Decreto Legislativo 1/2015, de 24 de julio, por el que se aprueba el Texto Refundido de la Ley de Garantías y Uso Racional de los Medicamentos y Productos Sanitario. regula en su artículo 1:

a) Los medicamentos de uso humano y productos sanitarios, su investigación clínica, su evaluación, autorización, registro, fabricación, elaboración, control de calidad, almacenamiento, distribución, circulación, trazabilidad, comercialización, información y publicidad, importación y exportación, prescripción y dispensación, seguimiento de la relación beneficio-riesgo, así como la ordenación de su uso racional y el procedimiento para, en su caso, la financiación con fondos públicos.

b) La actuación de las personas físicas o jurídicas en cuanto intervienen en la circulación industrial o comercial y en la prescripción o dispensación de los medicamentos y productos sanitarios.

c) La ley, los criterios y exigencias generales aplicables a los medicamentos veterinarios y, en particular, a los especiales, como las fórmulas magistrales, y los relativos a los elaborados industrialmente incluidas las premezclas para piensos medicamentosos.

d) Todas son correctas.

4. Señala lo correcto. El Real Decreto Legislativo 1/2015, de 24 de julio, por el que se aprueba el Texto Refundido de la Ley de Garantías y Uso Racional de los Medicamentos y Productos Sanitarios. Define en su artículo 2 "Medicamento de uso Humano:

a) Es una sustancia o conjunto de sustancias, que administrada interiormente a un organismo animal, sirve para prevenir, curar o aliviar una enfermedad y corregir o reparar las secuelas de esta.

b) Es una sustancia o conjunto de sustancias, que administrada exteriormente a un organismo animal, sirve para prevenir o aliviar una enfermedad y corregir o reparar las secuelas de esta.

c) Toda sustancia o combinación de sustancias que se presente como poseedora de propiedades para el tratamiento o prevención de enfermedades en seres humanos o que pueda usarse en seres humanos o administrarse a seres humanos con el fin de restaurar, corregir o modificar las funciones fisiológicas ejerciendo una acción farmacológica, inmunológica o metabólica, o de establecer un diagnóstico médico.

d) Cualquiera de las anteriores.

5. ¿Qué es un principio activo, según el RDL 1/2015?

a) Es toda materia, cualquiera que sea su origen (humano, animal, vegetal, químico o de otro tipo), a la que se atribuye una actividad apropiada para construir un medicamento.

b) Es una sustancia o combinación de sustancias con propiedades para el tratamiento o prevención de enfermedades en seres humanos, que puede administrarse con el fin de restaurar, corregir o modificar las funciones fisiológicas ejerciendo una acción farmacológica, inmunológica o metabólica, o de establecer un diagnóstico médico.

c) Toda sustancia –activa o inactiva– empleada en la fabricación de un medicamento, ya permanezca inalterada, se modifique o desaparezca en el transcurso del proceso.

d) Es aquella materia que, incluida en las formas galénicas, se añade a los principios activos o a sus asociaciones para servirles de vehículo, posibilitar su preparación y estabilidad, modificar sus propiedades organolépticas o determinar las propiedades físico-químicas del medicamento y su biodisponibilidad.

6. ¿Qué es una fórmula magistral, según el RDL 1/2015?

a) Es todo producto destinado a una posterior transformación industrial por un fabricante autorizado.

b) Es un medicamento destinado a un paciente individualizado, preparado por un farmacéutico, o bajo su dirección, para cumplimentar expresamente una prescripción facultativa detallada de los principios activos que incluye, según las normas de correcta elaboración y control de calidad establecidas al efecto, dispensado en oficina de farmacia o servicio farmacéutico y con la debida información al usuario.

c) Es todo medicamento con la misma composición cualitativa y cuantitativa en principios activos y la misma forma farmacéutica, y cuya bioequivalencia con el medicamento de referencia haya sido demostrada por estudios adecuados de biodisponibilidad.

d) Forma farmacéutica de un principio activo o placebo, que se investiga o se utiliza como referencia en un ensayo clínico, incluidos los productos con autorización cuando se utilicen o combinen (en la formulación o en el envase) de forma diferente a la autorizada, o cuando se utilicen para tratar una indicación no autorizada, o para obtener más información sobre un uso autorizado.

7. ¿Qué es un producto intermedio, según el RDL 1/2015?

a) Es todo medicamento con la misma composición cualitativa y cuantitativa en principios activos y la misma forma farmacéutica, y cuya bioequivalencia con el medicamento de referencia haya sido demostrada por estudios adecuados de biodisponibilidad.

b) Es todo producto destinado a una posterior transformación industrial por un fabricante autorizado.

c) Es un medicamento destinado a un paciente individualizado, preparado por un farmacéutico, o bajo su dirección, para cumplimentar expresamente una prescripción facultativa detallada de los principios activos que incluye, según las normas de correcta elaboración y control de calidad establecidas al efecto, dispensado en oficina de farmacia o servicio farmacéutico y con la debida información al usuario.

d) Cualquier instrumento, dispositivo, equipo, programa informático, material u otro artículo, utilizado solo o en combinación, incluidos los programas informáticos destinados por su fabricante a finalidades específicas de diagnóstico y/o terapia.

8. ¿Qué es un preparado oficinal, según el RDL 1/2015?

a) Es todo producto destinado a una posterior transformación industrial por un fabricante autorizado.

b) Es una sustancia o conjunto de sustancias, que administrada exteriormente a un organismo animal, sirve para prevenir o aliviar una enfermedad y corregir o reparar las secuelas de esta.

c) Es un medicamento elaborado según las normas de correcta elaboración y control de calidad establecidas y garantizado por un farmacéutico o bajo su dirección, dispensado en oficina de farmacia o servicio farmacéutico, enumerado y descrito por el Formulario Nacional, destinado a su entrega directa a los enfermos a los que abastece dicha farmacia o servicio farmacéutico.

d) Todo medicamento que tenga la misma composición cualitativa y cuantitativa en principios activos y la misma forma farmacéutica, y cuya bioequivalencia con el medicamento de referencia haya sido demostrada por estudios adecuados de biodisponibilidad.

9. La disposición a que se adaptan los principios activos y excipientes para constituir un medicamento se denomina:

a) Forma farmacéutica.
b) Forma galénica.
c) Medicamento genérico.
d) Las repuestas a) y b) son correctas.

10. Según El Real Decreto Legislativo 1/2015, de 24 de julio, por el que se aprueba el Texto Refundido de la Ley de Garantías y Uso Racional de los Medicamentos y Productos Sanitarios, se considera "producto sanitario": cualquier instrumento, dispositivo, equipo, programa informático, material u otro artículo, utilizado solo o en combinación, incluidos los programas informáticos destinados por su fabricante a finalidades específicas de diagnóstico y/o terapia y que intervengan en su buen funcionamiento, destinado por el fabricante a ser utilizado en seres humanos con fines de:

a) Diagnóstico, prevención, control, tratamiento o alivio de una enfermedad.
b) Diagnóstico, control, tratamiento, alivio o compensación de una lesión o de una deficiencia.
c) Investigación, sustitución o modificación de la anatomía o de un proceso fisiológico.
d) Todas las respuestas son correctas.

11. La disposición a que se adaptan los principios activos y excipientes para constituir un medicamento se denomina:

a) Principio activo.
b) Excipiente.
c) Producto intermedio.
d) Forma galénica.

12. Un medicamento elaborado en la farmacia por un farmacéutico, o bajo su dirección, descrito en el formulario nacional y dirigido a los clientes de dicha farmacia se denomina:

a) Preparado oficinal.
b) Fórmula magistral.
c) Medicamento genérico.
d) Todas son falsas.

13. Cualquier instrumento, dispositivo, equipo, programa informático, material u otro artículo, utilizado solo o en combinación, incluidos los programas informáticos destinados por su fabricante a finalidades específicas de diagnóstico y/o terapia, se denomina:

a) Material sanitario.
b) Producto sanitario.

c) Preparado sanitario.
d) Producto de parafarmacia.

14. Según el Real Decreto Legislativo 1/2015, tendrán el tratamiento legal de medicamentos:

a) Las sustancias o combinaciones de sustancias autorizadas para su empleo en ensayos clínicos.
b) Las sustancias o combinaciones de sustancias de las que se desconozca su composición, pero tengan una denominación oficial.
c) Los preparados magistrales.
d) Los medicamentos notificados por la AEMPS.

15. Toda sustancia, sustancias o mezclas que, sin tener la consideración legal de medicamentos, productos sanitarios, cosméticos o biocidas, están destinados a ser aplicados sobre la piel, dientes o mucosas del cuerpo humano con finalidad de higiene o de estética, o para neutralizar o eliminar ectoparásitos, es considerada:

a) Producto cosmético.
b) Producto sanitario.
c) Producto de cuidado personal.
d) Producto higiénico.

16. Señala cuál NO es una función de los excipientes:

a) Son el ingrediente que lleva el principio activo.
b) Facilitan la administración el principio activo.
c) Mejoran la eficacia del principio activo.
d) Aseguran la estabilidad y conservación del principio activo.

17. ¿Qué tipo de medicamento es el que tiene la misma composición cualitativa y cuantitativa en principios activos y la misma forma farmacéutica, y cuya bioequivalencia con el medicamento de referencia ha sido demostrada por estudios de biodisponibilidad?

a) Medicamento galénico.
b) Medicamento genérico.
c) Fórmula magistral de referencia.
d) Medicamento publicitario.

18. La custodia, conservación y dispensación de medicamentos de uso humano corresponderá exclusivamente a:

a) Oficinas de farmacia.
b) Servicios de farmacia de los hospitales.

c) Servicios de farmacia de los centros de salud y estructuras de atención primaria SNS.
d) Todas son correctas.

19. Según el RDL 1/2015, en su artículo 8, ¿cuál de ellos NO es un medicamento?

a) Las fórmulas magistrales.
b) Los preparados oficinales.
c) Los medicamentos especiales previstos en esta ley.
d) Los medicamentos de uso humano y veterinario no elaborados industrialmente.

20. Tienen el tratamiento legal de medicamentos a efectos de ley del medicamento:

a) Sustancias o combinaciones de sustancias autorizadas para su empleo en ensayo clínico.
b) Los remedios secretos.
c) Aquellos medicamentos de los que se desconoce aún su composición y características.
d) Todas son correctas.

21. Aquel medicamento preparado por un farmacéutico o bajo su dirección, dispensado en oficina de farmacia o servicio farmacéutico, enumerado y descrito en el Formulario Nacional, y destinado a la entrega directa a los enfermos se corresponde con:

a) Preparado oficinal.
b) Fórmula magistral.
c) Fórmula magistral tipificada.
d) Materia prima.

22. Señala la respuesta incorrecta. Son medicamentos legalmente reconocidos por la ley :

a) Los medicamentos de uso humano y veterinarios elaborados industrialmente.
b) Las fórmulas magistrales.
c) Los preparados oficinales.
d) Los productos dietoterapéuticos.

23. ¿Quién es el encargado de autorizar la comercialización de un medicamento en España?

a) La Organización Mundial de la Salud.
b) La Real Farmacopea Española.
c) La Agencia Española de Medicamentos y Productos Sanitarios.
d) La cartera de servicios de la CC. AA.

24. Según la LGURM, para que la AEMPS autorice un medicamento este debe satisfacer las siguientes condiciones:

a) Alcanzar los requisitos de calidad que se establezcan.
b) Ser seguro.

c) Ser eficaz en las indicaciones terapéuticas para las que se ofrece. Estar correctamente identificado.

d) Todas las respuestas son ciertas.

25. Señala lo incorrecto. ¿Qué condiciones deben cumplir los preparados oficinales?

a) Estar enumerados y descritos en la Real Farmacopea Española.

b) Ser elaborados y garantizados por un farmacéutico de la oficina de farmacia, o del servicio farmacéutico que los dispense.

c) Presentarse y dispensarse necesariamente bajo principio activo o, en su defecto, bajo una denominación común o científica o la expresada en el formulario nacional y en ningún caso bajo marca comercial.

d) Ir acompañados del nombre del farmacéutico que los prepare y de la información suficiente que garantice su correcta identificación y conservación, así como su segura utilización.

26. ¿Quién establece la calidad que den cumplir los principios activos y excipientes que entran en la composición de los medicamentos de uso humano y veterinario?

a) Formulario Nacional.

b) Real Farmacopea Española.

c) AEMPS.

d) Ministerio de Sanidad.

27. De acuerdo con la Ley de garantías y uso racional de los medicamentos y productos sanitarios, señala la respuesta correcta:

a) Los gases medicinales no se consideran medicamentos.

b) La Agencia Española de Medicamentos y Productos Sanitarios no autoriza la comercialización y distribución de las preparaciones homeopáticas.

c) Las fórmulas magistrales solo se podrán elaborar en los servicios farmacéuticos legalmente establecidos que dispongan de los medios necesarios.

d) Los derivados de la sangre, del plasma y el resto de sustancias de origen humano, así como sus correspondientes derivados, cuando se utilicen con finalidad terapéutica, se considerarán medicamentos.

28. El Formulario Nacional:

a) Contendrá las fórmulas magistrales tipificadas.

b) Contendrá los preparados oficinales reconocidos como medicamentos.

c) Contendrá las normas de correcta preparación y control.

d) Todas son correctas.

29. De acuerdo con la Ley de garantías y uso racional de los medicamentos y productos sanitarios, señala la respuesta correcta. Se considera medicamento de terapia génica:

a) La utilización en seres humanos de células somáticas vivas, tanto autólogas, procedentes del propio paciente, como alogénicas, procedentes de otro ser humano, o xenogénicas, procedentes de animales, cuyas características biológicas han sido alteradas sustancialmente como resultado de su manipulación para obtener un efecto terapéutico, diagnóstico o preventivo por medios metabólicos, farmacológicos e inmunológicos.

b) Cualquier producto que, cuando esté preparado para su uso con finalidad terapéutica o diagnóstica, contenga uno o más radionucleidos (isótopos radiactivos).

c) El producto obtenido mediante un conjunto de procesos de fabricación destinados a transferir, *in vivo* o *ex vivo*, un gen profiláctico, de diagnóstico o terapéutico, tal como un fragmento de ácido nucleico, a células humanas/animales y su posterior expresión *in vivo*. La transferencia genética supone un sistema de expresión contenido en un sistema de distribución conocido como vector, que puede ser de origen viral o no viral.

d) Ninguna es correcta.

30. De acuerdo con la Ley de garantías y uso racional de los medicamentos y productos sanitarios, señala la respuesta correcta. Se entiende por precursor:

a) Cualquier producto que, cuando esté preparado para su uso con finalidad terapéutica o diagnóstica, contenga uno o más radionucleidos (isótopos radiactivos).

b) Cualquier sistema que incorpore un radionucleido (radionucleido padre) que en su desintegración origine otro radionucleido (radionucleido hijo) que se utilizará como parte integrante de un radiofármaco.

c) Cualquier preparado industrial que deba combinarse con el radionucleido para obtener el radiofármaco final.

d) Todo radionucleido producido industrialmente para el marcado radiactivo de otras sustancias antes de su administración.

31. De acuerdo con la Ley de garantías y uso racional de los medicamentos y productos sanitarios, señala la respuesta incorrecta. Se considera medicamento homeopático:

a) Al obtenido a partir de sustancias denominadas cepas homeopáticas con arreglo a un procedimiento de fabricación homeopático descrito en la Farmacopea Europea o en la Real Farmacopea Española.

b) Al obtenido a partir de sustancias denominadas cepas génicas con arreglo a un procedimiento de fabricación homeopático descrito en la Farmacopea Europea o en la Real Farmacopea Española.

c) Al obtenido a partir de sustancias denominadas cepas axiónicas con arreglo a un procedimiento de fabricación homeopático descrito en la Farmacopea Europea o en la Real Farmacopea Española.

d) Al obtenido a partir de sustancias denominadas somáticas con arreglo a un procedimiento de fabricación homeopático descrito en la Farmacopea Europea o en la Real Farmacopea Española.

32. Señala la respuesta incorrecta. Se consideran gases medicinales licuados:

a) Oxígeno líquido.
b) Nitrógeno líquido.
c) Dióxido de carbono.
d) Protóxido de nitrógeno.

33. Se entiende por ensayo clínico a toda investigación efectuada en seres humanos, con el fin de determinar o confirmar los efectos:

a) Clínicos.
b) Farmacológicos.
c) Farmacodinámicos.
d) Todas son correctas.

34. ¿En qué caso la AEMPS no podrá interrumpir la realización de un ensayo clínico?

a) Si se alteran las condiciones de su autorización.
b) Si se cumplen los principios bioéticos.
c) Para proteger la salud de los sujetos de ensayo.
d) En defensa de la salud pública.

35. ¿Quién no puede prescribir una receta médica?

a) Farmacéutico.
b) Médico.
c) Odontólogo.
d) Podólogo.

36. Los medicamentos podrán ser objeto de publicidad destinada al público siempre que cumplan con unos requisitos; señala cuál NO es un requisito:

a) Que no se financien con fondos públicos.
b) Que, por su composición y objetivo, estén destinados y concebidos para su utilización sin la intervención de un médico que realice el diagnóstico, la prescripción o el seguimiento del tratamiento, aunque requieran la intervención de un farmacéutico.
c) Que constituyan sustancias estupefacientes leves.
d) Que no constituyan sustancias psicotrópicas con arreglo a lo definido en los convenios internacionales.

37. Señala la respuesta incorrecta respecto a las prescripciones de medicamentos:

a) Para procesos agudos, la prescripción se hará, de forma general, por principio activo.
b) Para procesos agudos, la prescripción se realiza por marca comercial.
c) Para los procesos crónicos, la primera prescripción, correspondiente a la instauración del primer tratamiento, se hará, de forma general, por principio activo.
d) Para los procesos crónicos cuya prescripción se corresponda con la continuidad de tratamiento, podrá realizarse por denominación comercial, siempre y cuando esta se encuentre incluida en el sistema de precios de referencia o sea la de menor precio dentro de su agrupación homogénea.

38. ¿Qué ventajas proporciona la DCI?

a) La denominación común internacional (DCI) puede ser adaptada con facilidad a otros idiomas, evita posibles confusiones, es fácilmente reconocible y permite identificar sustancias del mismo grupo terapéutico.

b) Facilita el aprendizaje, dado que todos los estudios en Ciencias de la Salud (Farmacia, Medicina, Odontología, Enfermería…) utilizan los principios activos durante su formación en farmacología.

c) Ayuda a evitar errores.

d) Todas son correctas.

39. El uso racional de medicamentos implica:

a) Evaluación apropiada.

b) Paciente apropiado.

c) Indicación apropiada.

d) Todas son correctas.

40. Señala la respuesta incorrecta. La Organización Mundial de la Salud (OMS) dice que para un uso racional es preciso:

a) Que se recete el medicamento apropiado.

b) Que se disponga de este oportunamente y al precio recomendado (coste caro).

c) Que se dispense en las condiciones debidas.

d) Que se tome en la dosis indicada, así como a los intervalos y durante el tiempo prescrito.

Solución al test n.º 12

1. b) Real Decreto legislativo 1/2015, de 24 de julio.

2. c) En un título preliminar, y once títulos, más 16 disposiciones adicionales, 3 transitorias, 1 derogatoria, y 2 finales.

3. d) Todas son correctas.

4. c) Toda sustancia o combinación de sustancias que se presente como poseedora de propiedades para el tratamiento o prevención de enfermedades en seres humanos o que pueda usarse en seres humanos o administrarse a seres humanos con el fin de restaurar, corregir o modificar las funciones fisiológicas ejerciendo una acción farmacológica, inmunológica o metabólica, o de establecer un diagnóstico médico.

5. a) Es toda materia, cualquiera que sea su origen (humano, animal, vegetal, químico o de otro tipo), a la que se atribuye una actividad apropiada para construir un medicamento.

6. b) Es un medicamento destinado a un paciente individualizado, preparado por un farmacéutico, o bajo su dirección, para cumplimentar expresamente una prescripción facultativa detallada de los principios activos que incluye, según las normas de correcta elaboración y control de calidad establecidas al efecto, dispensado en oficina de farmacia o servicio farmacéutico y con la debida información al usuario.

7. b) Es todo producto destinado a una posterior transformación industrial por un fabricante autorizado.

8. c) Es un medicamento elaborado según las normas de correcta elaboración y control de calidad establecidas y garantizado por un farmacéutico o bajo su dirección, dispensado en oficina de farmacia o servicio farmacéutico, enumerado y descrito por el Formulario Nacional, destinado a su entrega directa a los enfermos a los que abastece dicha farmacia o servicio farmacéutico.

9. d) Las repuestas a) y b) son correctas.

10. d) Todas las respuestas son correctas.

11. d) Forma galénica.

12. a) Preparado oficinal.

13. b) Producto sanitario.

14. a) Las sustancias o combinaciones de sustancias autorizadas para su empleo en ensayos clínicos.

15. c) Producto de cuidado personal.

16. a) Son el ingrediente que lleva el principio activo.

17. b) Medicamento genérico.

18. d) Todas son correctas.

19. d) Los medicamentos de uso humano y veterinario no elaborados industrialmente.

20. a) Sustancias o combinaciones de sustancias autorizadas para su empleo en ensayo clínico.

21. a) Preparado oficinal.

22. d) Los productos dietoterapéuticos.

23. c) La Agencia Española de Medicamentos y Productos Sanitarios.

24. d) Todas las respuestas son ciertas.

25. a) Estar enumerados y descritos en la Real Farmacopea Española.

26. b) Real Farmacopea Española.

27. d) Los derivados de la sangre, del plasma y el resto de sustancias de origen humano, así como sus correspondientes derivados, cuando se utilicen con finalidad terapéutica, se considerarán medicamentos.

28. d) Todas son correctas.

29. c) El producto obtenido mediante un conjunto de procesos de fabricación destinados a transferir, *in vivo* o *ex vivo*, un gen profiláctico, de diagnóstico o terapéutico, tal como un fragmento de ácido nucleico, a células humanas/animales y su posterior expresión *in vivo*. La transferencia genética supone un sistema de expresión contenido en un sistema de distribución conocido como vector, que puede ser de origen viral o no viral.

30. d) Todo radionucleido producido industrialmente para el marcado radiactivo de otras sustancias antes de su administración.

31. a) Al obtenido a partir de sustancias denominadas cepas homeopáticas con arreglo a un procedimiento de fabricación homeopático descrito en la Farmacopea Europea o en la Real Farmacopea Española.

32. c) Dióxido de carbono.

33. d) Todas son correctas.

34. b) Si se cumplen los principios bioéticos.

35. a) Farmacéutico.

36. c) Que constituyan sustancias estupefacientes leves.

37. b) Para procesos agudos, la prescripción se realiza por marca comercial.

38. d) Todas son correctas.

39. d) Todas son correctas.

40. b) Que se disponga de este oportunamente y al precio recomendado (coste caro).

TEST N.º 13

Formas farmacéuticas. Generalidades. Vías de administración de los fármacos

1. ¿Cuál no es un objetivo del diseño de las formas farmacéuticas?

a) Posibilitar su administración de manera segura, por la vía más adecuada, en la dosis exacta y de la forma menos desagradable para el paciente.
b) Asegurar una heterogeneidad de dosis en las distintas unidades.
c) Dirigir el principio activo a su diana.
d) Proteger el principio activo de agentes ambientales (humedad, calor, etc.) y/o fisiológicos (jugos gástricos).

2. ¿Cómo se clasifican las formas farmacéuticas?

a) En función del modo de liberación.
b) En función de su vía de administración.
c) En función del estado físico en que se encuentran.
d) Todas son correctas.

3. Son formas farmacéuticas de liberación prolongada:

a) Son aquellas en las que el principio activo se libera de forma constante, minimizando así la fluctuación de sus niveles en plasma.
b) Son aquellas cuyo principio activo se libera inicialmente en cantidad suficiente para producir su efecto. Después, la liberación se realiza de manera más lenta, pero no constante, de modo que los niveles de fármaco en plasma varían dentro de la zona terapéutica y la acción se prolonga durante más tiempo.
c) Son aquellas en las que el principio activo se libera tras un periodo de tiempo después de su administración, en el momento en el que la forma farmacéutica alcanza el lugar donde se pretende que se inicie su acción.
d) Son aquellas en las que el principio activo se libera de manera inmediata, nada más contactar con una solución acuosa.

4. Son formas farmacéuticas de liberación retardada:

a) Son aquellas en las que el principio activo se libera de manera inmediata, nada más contactar con una solución acuosa.

b) Son aquellas en las que el principio activo se libera de forma constante, minimizando así la fluctuación de sus niveles en plasma.

c) Son aquellas en las que la liberación del principio activo se produce de forma secuencial, primero una dosis, y tras un intervalo de tiempo, las siguientes.

d) Son aquellas en las que el principio activo se libera tras un periodo de tiempo después de su administración, en el momento en el que la forma farmacéutica alcanza el lugar donde se pretende que se inicie su acción.

5. Las formas farmacéuticas líquidas que se administran por vía oral, pueden ser:

a) Disoluciones.
b) Emulsiones.
c) Suspensiones.
d) Todas son correctas.

6. Señala lo incorrecto en relación con las formas farmacéuticas líquidas administradas por vía parenteral:

a) Son formas farmacéuticas estériles.
b) Pirógenas.
c) Destinadas a su administración por inyección o perfusión.
d) Las perfusiones son disoluciones o emulsiones acuosas.

7. Las preparaciones inyectables (señala lo incorrecto):

a) No pueden ser emulsiones.
b) Son límpidas.
c) Están constituidas por uno o más principios activos.
d) Pueden ser disoluciones o suspensiones (límpidas).

8. Los colirios (señala lo falso):

a) Son disoluciones o suspensiones estériles, acuosas u oleosas.
b) No pueden presentar más de un principio activo.
c) Se presentan en envases unidosis o multidosis.
d) El volumen máximo del envases es 10 ml.

9. De los siguientes enunciados uno es correcto sobre las gotas y aerosoles nasales:

a) Son disoluciones, emulsiones o suspensiones destinadas a su pulverización en las fosas nasales.

b) Las gotas nasales se suministran habitualmente en envases multidosis que presentan un aplicador adecuado.

c) Los aerosoles nasales líquidos se suministran en envases provistos de un disposi-tivo pulverizador, o en envases a presión dotados de un adaptador adecuado, con o sin válvula dosificadora.

d) Todas son correctas.

10. Los enemas (señala lo incorrecto):

a) Se utilizan para obtener un efecto terapéutico local.
b) Se utilizan para obtener un efecto terapéutico sistémico.
c) Se utilizan con fines diagnósticos.
d) Se utilizan con fines etiológicos.

11. ¿Qué forma farmacéutica semisólida está constituida por una base grasa que contiene el principio activo y en la que se pueden dispersar sustancias sólidas o líquidas?

a) Pomadas.
b) Cremas.
c) Geles.
d) Pastas.

12. ¿Qué forma farmacéutica semisólida sirve para aplicación cutánea y contie-ne una proporción elevada de sólidos dispersos en la base?

a) Pastas.
b) Cremas.
c) Geles.
d) Pomadas.

13. Uno de los siguientes NO es una forma farmacéutica solida de vía parenteral:

a) Implantes.
b) Pellets.
c) Parches.
d) Polvos para preparaciones inyectables.

14. Las preparaciones sólidas constituidas por una cubierta gelatinosa de forma y capacidad variables que generalmente contiene una única dosis de uno o más principios activos se denominan:

a) Comprimidos.
b) Cápsulas.
c) Gomas de mascar.
d) Granulados.

15. Los parches transdérmicos:

a) Son preparaciones flexibles de tamaño variable.
b) Se aplican sobre piel intacta, limpia y seca.
c) Sus principios activos deben atravesar la barrera cutánea.
d) Todas son correctas.

16. Señala lo correcto en relación con los óvulos vaginales:

a) Preparaciones unidosis alargadas, lisas y de aspecto exterior uniforme. Contienen uno o varios principios activos que pueden ser solubles o dispersables en agua o que pueden fundir a la temperatura corporal.

b) Se presentan en formas farmacéuticas unidosis, generalmente ovoides, de volumen y consistencia adecuados. Pueden contener uno o más principios activos dispersados o disueltos en una base apropiada que puede ser soluble o dispersable en agua o puede fundirse a la temperatura corporal.

c) Preparaciones unidosis destinadas a la administración por vía vaginal y constituidas por uno o más principios activos que se obtienen aglomerando un volumen constante de partículas por compresión.

d) Preparaciones unidosis que se disuelven o dispersan en agua en el momento de su administración por vía vaginal.

17. Las formas farmacéuticas gaseosas se aplican sobre:

a) La piel.
b) Las mucosas.
c) Las vías respiratorias.
d) Todas son correctas.

18. ¿Qué forma farmacéutica gaseosa contienen soluciones o dispersiones de un principio activo en un envase a presión. La liberación del principio activo se produce por la acción de un agente impulsor que puede ser un gas comprimido o licuado?

a) Brumas.
b) Aerosoles.
c) Nebulizadores.
d) Presurizador.

19. Existen dos vías de administración de medicamentos:

a) Indirectas o mediatas.
b) Directa o parenteral.
c) Directa o inmediatas.
d) Indirectas o directas.

20. No es una vía mediata:

a) Bucal.
b) Transdérmica.
c) Subcutánea.
d) Inhalatoria.

21. ¿Cuál de estas vías no corresponde a una vía parenteral (directa, inmediata) de administración de medicamentos?

a) Intraósea.
b) Intratecal.
c) Subcutánea, intradérmica e intramuscular.
d) Transdérmica.

22. A la hora de administración de los medicamentos, ¿qué significado tiene (2-2-2)?

a) 2 comprimidos al día.
b) 2 comprimidos cada 8 horas.
c) 2 comprimidos cada 12 horas.
d) 2 comprimidos cada 6 horas.

23. ¿Qué formas farmacéuticas sólidas de administración oral no pueden fragmentarse?

a) Grageas.
b) Preparados gastrorresistentes.
c) Formas de liberación controlada.
d) Ninguna de las anteriores puede fragmentarse.

24. ¿Cuál de las siguientes no es una ventaja de la vía oral ?

a) Facilidad y comodidad.
b) Económica.
c) Si existe intoxicación se puede provocar el vómito.
d) Es difícil precisar la toma y dosis administrada.

25. Los supositorios pueden ser:

a) De acción mecánica.
b) Con efectos locales.
c) Con efectos sistémicos.
d) Todos pueden ser.

26. En relación con la vía de administración de medicamentos sublingual señala la respuesta incorrecta:

a) Es una vía de absorción rápida.
b) Se usa con un gran número de fármacos.
c) Los fármacos más dispensados por esta vía son los nitritos.
d) Es una forma especial de la vía oral.

27. La vía intravenosa de administración de fármacos presenta las siguientes características excepto:

a) Posología precisa.
b) Acción rápida.
c) Evita absorción.
d) Provoca lesiones locales.

28. En relación con las diferentes formas de administración de medicamentos por vía parenteral:

a) La vía intramuscular es una vía de absorción rápida debido a la rica vascularización del músculo.
b) En la vía intravenosa el fármaco pasa directamente al compartimento vascular, por tanto el fármaco pasa a distribuirse directamente.
c) Las insulinas se utilizan por vía subcutánea.
d) Todas son correctas.

29. Señala cuál es un inconveniente de la vía de administración sublingual:

a) Es incómoda y molesta para el paciente.
b) Es una vía lenta.
c) Pocos fármacos se pueden administrar por esta vía.
d) Evitan la metabolización de parte de la dosis administrada (fenómeno de primer paso).

30. Los comprimidos sublinguales se utilizan para obtener una acción…

a) A nivel bucal.
b) A nivel bucofaríngeo.
c) A nivel sistémico.
d) A nivel gástrico.

31. Señala cuál es un medicamento administrado por vía sublingual:

a) Nitroglicerina.
b) Captopril, para crisis hipertensivas.
c) Benzodiacepinas para ataques de pánico.
d) Todos se administran.

32. Los principales inconvenientes de la vía oral o enteral son:

a) Irritación de la mucosa gástrica (AINES).
b) Baja biodisponibilidad por inactivación del fármaco en el hígado.
c) Es difícil precisar la toma y dosis administrada.
d) Todos son inconvenientes de esta vía de administración.

33. Los parches transdérmicos:

a) Liberan los principios activos a una velocidad programada en la circulación sanguínea.
b) La realización de estos parches se realiza en la oficina de farmacia.
c) No es una técnica sofisticada.
d) Libera fármacos hidrofílicos.

34. Son normas para la correcta administración de preparados semisólidos:

a) Eliminar posibles residuos de aplicación anterior.
b) Aplicar sobre piel seca.
c) Lavarse las manos antes y después de la aplicación.
d) Todas son normas.

35. Señala la respuesta correcta en relación con los colirios:

a) Se deben seguir estrictamente las instrucciones de conservación, refrigeración u mantenimiento de los envases.
b) Se trata de preparados estériles y muy sensibles que pueden contaminarse fácilmente una vez abiertos.
c) Hay que seguir técnicas de rigurosa asepsia, pues se contaminan con facilidad.
d) Todas son correctas.

36. Para la aplicación tópica de preparados semisólidos, se debe tener en cuenta:

a) Que la piel esté limpia y seca.
b) Que al abrir el tubo se coloca el tapón del revés, y se pone la pomada sobre una gasa, que usaremos para extenderla en capa fina sobre la piel.
c) Que es recomendable el uso de guantes o lavarse las manos antes y después de la aplicación.
d) Todo se tiene en cuenta.

37. Entre las vías de administración indirectas de uso tópico nos encontramos:

a) La cutánea, oftálmica, nasal, bucal, vaginal y transdérmica.
b) La cutánea, oftálmica, nasal, bucal y vaginal.
c) La cutánea, oftálmica, ótica, nasal, bucal, vaginal y transdérmica.
d) Ninguna es correcta.

38. Indica la que sea una vía mediata de administración de medicamentos:

a) La subcutánea.
b) La intramuscular.
c) La inhalatoria.
d) La tópica.

Solución al test n.º 13

1. b) Asegurar una heterogeneidad de dosis en las distintas unidades.

2. d) Todas son correctas.

3. b) Son aquellas cuyo principio activo se libera inicialmente en cantidad suficiente para producir su efecto. Después, la liberación se realiza de manera más lenta, pero no constante, de modo que los niveles de fármaco en plasma varían dentro de la zona terapéutica y la acción se prolonga durante más tiempo.

4. c) Son aquellas en las que la liberación del principio activo se produce de forma secuencial, primero una dosis, y tras un intervalo de tiempo, las siguientes.

5. d) Todas son correctas.

6. b) Pirógenas.

7. a) No pueden ser emulsiones.

8. b) No pueden presentar más de un principio activo.

9. d) Todas son correctas.

10. d) Se utilizan con fines etiológicos.

11. a) Pomadas.

12. a) Pastas.

13. c) Parches.

14. b) Cápsulas.

15. d) Todas son correctas.

16. b) Se presentan en formas farmacéuticas unidosis, generalmente ovoides, de volumen y consistencia adecuados. Pueden contener uno o más principios activos dispersados o disueltos en una base apropiada que puede ser soluble o dispersable en agua o puede fundirse a la temperatura corporal.

17. d) Todas son correctas.

18. b) Aerosoles.

19. d) Indirectas o directas.

20. c) Subcutánea.

21. d) Transdérmica.

22. b) 2 comprimidos cada 8 horas.

23. d) Ninguna de las anteriores puede fragmentarse.

24. d) Es difícil precisar la toma y dosis administrada.

25. d) Todos pueden ser.

26. b) Se usa con un gran número de fármacos.

27. d) Provoca lesiones locales.

28. d) Todas son correctas.

29. c) Pocos fármacos se pueden administrar por esta vía.

30. c) A nivel sistémico.

31. d) Todos se administran.

32. d) Todos son inconvenientes de esta vía de administración.

33. a) Liberan los principios activos a una velocidad programada en la circulación sanguínea.

34. d) Todas son normas.

35. d) Todas son correctas.

36. d) Todo se tiene en cuenta.

37. c) La cutánea, oftálmica, ótica, nasal, bucal, vaginal y transdérmica.

38. c) La inhalatoria.

TEST N.º 14

Seguridad en el uso de los medicamentos.
Efectos secundarios. Generalidades. Alergias.
Medicamentos de alto riesgo su uso en los centros hospitalarios

1. Cuando se administra un fármaco por vía oral se hace la comprobación de los cinco correctos; esto consiste en:

a) Asegurarse del nombre del paciente, medicamento, dosis a administrar, vía y horario.

b) Asegurarse del nombre del paciente, n.º de habitación, medicamento, vía de administración y horario.

c) Asegurarse del nombre del paciente, n.º de habitación y cama, dosis a administrar, vía y horario.

d) Asegurarse del medicamento correcto, dosis correcta, paciente correcto, vía correcta, momento correcto.

2. Un error en la medicación (EM):

a) Es cualquier error que se produce en cualquiera de los procesos de utilización de los medicamentos.

b) Es cualquier incidente prevenible que puede causar daño al paciente.

c) Incluye los errores de prescripción y seguimiento de medicamentos y son responsables de acontecimiento adversos de gravedad para el paciente.

d) Todas son correctas.

3. Señala la respuesta incorrecta en relación con los errores de la medicación:

a) Están relacionados con la práctica profesional.

b) Pueden presentarse por medicamentos con denominación genérica, nombre comercial o aspecto parecido.

c) Son inevitables.

d) Ocurre en el uso clínico con concentraciones y posología similares.

4. Los errores en la medicación NO pueden presentarse por:

a) El conocimiento completo de los nombres de los medicamentos.

b) Los productos nuevos en el mercado.

c) Los envases o etiquetas similares.

d) La falta de evaluaciones rigurosas antes de la aprobación de los nombres para las sustancias nuevas.

5. Señala cuál es una solución para que no se produzcan errores en la medicación:

a) Asegurar la legibilidad de las recetas.

b) Exigir que las órdenes de medicamentos incluyan tanto la marca comercial como la denominación común, la forma de dosificación, la concentración, las instrucciones e indicaciones de uso.

c) Debe haber una separación física de los medicamentos con aspecto o nombres parecidos en las áreas de almacenamiento.

d) Todas son soluciones.

6. Según la clasificación de gravedad de errores en la medicación, un error que ha llegado al paciente pero que no causa daño es un error de:

a) Categoría A.

b) Categoría B.

c) Categoría C.

d) Categoría D.

7. Para detectar posibles errores se obtiene la historia farmacoterapéutica del paciente en el medio ambulatorio y se usa como referencia de comparación con la prescrita en el ingreso, traslado de servicio, etc. Este proceso se denomina:

a) Plan de acogida.

b) Conciliación del tratamiento.

c) Evaluación y registro de datos.

d) Criterios de estandarización.

8. Un error en la medicación puede presentarse por:

a) Medicamentos con denominación genérica, nombre comercial o aspecto parecido.

b) Confusión por la caligrafía ilegible de la fórmula.

c) El conocimiento incompleto de los nombres de los medicamentos.

d) Todas son correctas.

9. ¿Cómo se pueden evitar los errores en la medicación?

a) Asegurando la legibilidad de las recetas.

b) Exigir que las órdenes de medicamentos incluyan tanto la marca comercial como la denominación común, la forma de dosificación, la concentración., etc.

c) Análisis periódico de los nombres de los productos nuevos.

d) Todas son correctas.

10. Un error de medicación es:

a) Efecto que puede evitarse y que es causado por una utilización inadecuada de un medicamento produciendo lesión a un paciente mientras la medicación está bajo control del personal sanitario.

b) Alteración y/o lesión producida cuando los medicamentos se utilizan de manera apropiada.

c) Las respuestas a) y b) son correctas.

d) Las respuestas a) y b) son falsas.

11. No administrar una dosis prescrita a un paciente antes de la siguiente dosis programada es:

a) Error de prescripción.

b) Error de omisión.

c) Error de dosificación.

d) Negligencia.

12. Las reacciones adversas caracterizadas por una respuesta no relacionada con la acción farmacológica y causada por una reactividad alterada del paciente, que generalmente es considerada de naturaleza alérgica se denominan:

a) Reacciones de intolerancia.

b) Reacciones idiosincrásicas.

c) Reacciones de hipersensibilidad.

d) Interacciones.

13. Cualquier reacción nociva o no deseable que se presenta al administrar un fármaco a la dosis empleada habitualmente se denomina:

a) Reacción idiosincrásica.

b) Reacción adversa.

c) Reacción tóxica.

d) Efecto secundario.

14. Son reacciones del fármaco independientemente de la dosis:

a) Reacciones idiosincrásicas.

b) Reacciones de hipersensibilidad.

c) Reacción absoluta.

d) Las respuestas a) y b) son ciertas.

15. La necesidad de tomar un fármaco de forma periódica, para evitar el malestar ocasionado por la deprivación, se denomina:

a) Tolerancia.

b) Dependencia.

c) Resistencia.
d) Taquifilaxia.

16. La disminución de la intensidad de la respuesta de un fármaco cuando se repite la misma dosis se conoce como:

a) Tolerancia.
b) Taquifilaxia.
c) Dependencia.
d) Resistencia.

17. Señala la respuesta incorrecta. Las prescripciones electrónicas:

a) Reducen los errores de medicación.
b) Aseguran la prescripción completa.
c) Ayudan a la decisión clínica con un sistema asistido (PEA).
d) Permiten el uso de abreviaturas para indicar dosis, vía y frecuencia de administración.

18. La sequedad de boca que presenta un paciente al que se administra fármacos anticolinérgicos es:

a) Un efecto secundario.
b) Un efecto colateral.
c) Un efecto a la sobredosificación.
d) Una reacción alérgica.

19. Señala la respuesta incorrecta. En las reacciones de hipersensibilidad:

a) Se produce un aumento del efecto farmacológico.
b) La sintomatología desaparece cuando se suprime la medicación.
c) La intensidad de la reacción es independiente de la dosis.
d) Existen fármacos que producen hipersensibilidad con mayor frecuencia que otros.

20. Las dermatitis por contacto pertenecen al tipo de reacciones alérgicas:

a) Anafilácticas.
b) Citotóxicas.
c) Diferidas.
d) Inmunocomplejas.

21. Llamamos taquifilaxia a un efecto indeseable que aparece a la administración de un fármaco y consiste en:

a) El efecto producido al suspender bruscamente la medicación.
b) El fenómeno por el que las células sensibles a un fármaco se vuelven resistentes a él.

c) La tolerancia que aparece a las pocas tomas de la administración del fármaco.
d) La necesidad compulsiva de tomar un fármaco de forma periódica.

22. El mejor método diagnóstico de la alergia a la penicilina es:

a) Test cutáneos para la reacción IgE dependiente.
b) Test epicutáneos.
c) Test de provocación de tolerancia progresiva.
d) Pruebas de parche.

23. Las jeringas especiales para la administración de soluciones orales que no se pueden conectar a sistemas de administración intravenosa:

a) Permiten limitar el número de dosis y concentraciones de un medicamento de alto riesgo.
b) Es un método "barrera" que puede prevenir la administración por error de un medicamento de alto riesgo.
c) Permiten administrar diferentes tipos de soluciones en un mismo vial.
d) Evitan la sobredosificación.

24. Algunos de los siguientes son errores detectados en la administración de antitrombóticos, excepto uno; indica cuál:

a) Confusión entre dosis y concentración debido al etiquetado inapropiado.
b) Administración inadvertida de dos medicamentos antitrombóticos (duplicidad terapéutica).
c) Programación incorrecta de las bombas de perfusión.
d) Administración de dosis incorrectas en pacientes con dificultad visual.

25. Una buena práctica de prevención en la administración de insulina es:

a) No almacenar la insulina cerca de la heparina, así como de otros medicamentos que se dosifiquen en unidades.
b) Aumentar las prestaciones de insulina disponibles en la institución.
c) Evitar que el paciente tenga acceso al fármaco.
d) Almacenar las especialidades con nombre y etiquetado similar en un mismo lugar.

26. Los errores de medicación más comunes ocurren en las etapas de:

a) Prescripción y administración.
b) Transcripción y dispensación.
c) Preparación y administración.
d) Dispensación y prescripción.

27. En pacientes pediátricos, el uso de la Regla Broselow facilita:

a) La preparación del fármaco en el momento de la administración.
b) La elección de dosis y el calibre de los materiales.

c) El uso de dispositivos de infusión segura.
d) Unificar las dosis y protocolizar concentraciones.

28. Una de las recomendaciones para evitar errores de medicación en los hospitales en el proceso de administración es:

a) Limitar el número de especialidades disponibles en Farmacia.
b) Indicar si hay alergia medicamentosa conocida.
c) No extraer medicamentos de los cajetines hasta que se vayan a utilizar.
d) No mantener al personal en tareas repetitivas de forma continua.

29. Algunas de las medidas establecidas para detectar e interceptar los errores de medicación son las siguientes, excepto una; indica cuál:

a) Implantación de técnicas de doble chequeo.
b) Prescripción no electrónica.
c) Sistemas de dosis unitarias.
d) Bombas inteligentes.

30. Uno de los errores detectados relacionado con el medicamento potasio IV (cloruro o fosfato) es:

a) Prescripción por ampollas o viales en lugar de utilizar unidades de cantidad.
b) Errores en la preparación de diluciones.
c) Falta de detección de interacciones con otros medicamentos.
d) Confusión entre las líneas de administración: iv y otras.

31. Según la clasificación española, un tipo de error ocasionado por el medicamento erróneo, puede deberse a:

a) Falta de prescripción.
b) Frecuencia de administración errónea.
c) Historia previa de alergia o efecto adverso similar.
d) Paciente equivocado.

32. Utilizar sistemas de doble control de cálculo evitará errores en:

a) La preparación y administración de medicamentos.
b) La prescripción del medicamento.
c) La transcripción de la orden de medicación.
d) El almacenaje del medicamento.

33. ¿Cuál sería el primer paso que debería seguir una comisión hospitalaria destinada a abordar la prevención de los Errores de Medicación?

a) Establecer una sistemática continua de evaluación y mejora de los procesos.
b) Formar a los profesionales.
c) Buscar a los responsables de los errores.
d) Reconocer la incompetencia del personal.

Solución al test n.º 14

1. d) Asegurarse del medicamento correcto, dosis correcta, paciente correcto, vía correcta, momento correcto.

2. d) Todas son correctas.

3. c) Son inevitables.

4. a) El conocimiento completo de los nombres de los medicamentos.

5. d) Todas son soluciones.

6. c) Categoría C.

7. b) Conciliación del tratamiento.

8. d) Todas son correctas.

9. d) Todas son correctas.

10. a) Efecto que puede evitarse y que es causado por una utilización inadecuada de un medicamento produciendo lesión a un paciente mientras la medicación está bajo control del personal sanitario.

11. b) Error de omisión.

12. c) Reacciones de hipersensibilidad.

13. b) Reacción adversa.

14. d) Las respuestas a) y b) son ciertas.

15. b) Dependencia.

16. a) Tolerancia.

17. d) Permiten el uso de abreviaturas para indicar dosis, vía y frecuencia de administración.

18. b) Un efecto colateral.

19. a) Se produce un aumento del efecto farmacológico.

20. c) Diferidas.

21. c) La tolerancia que aparece a las pocas tomas de la administración del fármaco.

22. a) Test cutáneos para la reacción IgE dependiente.

23. b) Es un método "barrera" que puede prevenir la administración por error de un medicamento de alto riesgo.

24. d) Administración de dosis incorrectas en pacientes con dificultad visual.

25. a) No almacenar la insulina cerca de la heparina, así como de otros medicamentos que se dosifiquen en unidades.

26. a) Prescripción y administración.

27. b) La elección de dosis y el calibre de los materiales.

28. c) No extraer medicamentos de los cajetines hasta que se vayan a utilizar.

29. b) Prescripción no electrónica.

30. a) Prescripción por ampollas o viales en lugar de utilizar unidades de cantidad.

31. c) Historia previa de alergia o efecto adverso similar.

32. a) La preparación y administración de medicamentos.

33. a) Establecer una sistemática continua de evaluación y mejora de los procesos.

TEST N.º 15

**Farmacovigilancia y sistema español de farmacovigilancia.
Reacciones adversas de los medicamentos: concepto y clasificación.
Programa de notificación espontánea de reacciones adversas.
Información y documentación relativas al sistema de
farmacovigilancia. Alertas farmacéuticas**

1. Un acontecimiento adverso a medicamentos prevenible:

a) Es aquel que se causa por errores en la medicación.
b) Se producen a pesar del uso apropiado de los medicamentos.
c) Se corresponden con las reacciones adversas del os medicamentos.
d) Todas son correctas.

2. Según la clasificación de gravedad de errores en medicación, un error que dio como resultado la muerte del paciente, ¿qué categoría tiene?

a) Categoría A.
b) Categoría E.
c) Categoría I.
d) Categoría Superior.

3. Un acontecimiento adverso a medicamentos potencial es aquel que:

a) Puede haber contribuido o provocado un daño permanente en el paciente.
b) Podría haber causado un daño en el paciente.
c) Está originado por reacciones adversas a la medicación.
d) Es inevitable y no produce daños en el paciente.

4. Una reacción adversa medicamentosa (RAM):

a) Se produce por un error.
b) No ocasiona daños en el paciente.
c) Solo depende del medicamento administrado.
d) Es un efecto perjudicial o indeseado dependiente del fármaco y/o del organismo.

5. El procedimiento de seguimiento de las reacciones adversas de un medicamento se realiza mediante la elaboración de:

a) La tarjeta blanca.
b) La tarjeta amarilla.
c) La tarjeta negra.
d) La tarjeta verde.

6. La definición por procedimiento de urgencia que se realiza por las autoridades sanitarias con el objeto de la protección de la salud pública, cuando se detecta un posible defecto o alteración de la calidad o seguridad de un medicamento, se refiere a:

a) Producto en alerta.
b) Alerta farmacéutica.
c) Farmacovigilancia.
d) Medidas cautelares.

7. Las alertas farmacéuticas se clasifican en función de las causas que las origine en:

a) 3 clases.
b) 4 clases.
c) 2 clases.
d) 6 clases.

8. Dependiendo de la dosis las reacciones adversas pueden ser:

a) Absolutas.
b) Idiosincráticas.
c) Relativas.
d) Las opciones a) y c) son correctas.

9. El Sistema Español de Farmacovigilancia de medicamentos de uso humano NO está integrado por:

a) La AEMPS, que actúa como centro coordinador.
b) Los órganos competentes en materia de farmacovigilancia de las Comunidades Autónomas y las unidades o centros autonómicos de farmacovigilancia a ellas adscritos.
c) Los pacientes y usuarios del Sistema Nacional de Salud.
d) Los profesionales sanitarios.

10. ¿Qué significado tienen las siglas FEDRA como red de datos que permite a las administraciones sanitarias competentes disponer de forma telemática de la información sobre sospechas de reacciones adversas ocurridas en España?

a) Federación Española de datos de reacciones adversas.
b) Farmacovigilancia Española, Datos de Reacciones Adversas.
c) Farmacovigilancia Empírica, Datos de Relaciones de Adversidades.
d) Federación Internacional de Datos de Farmacos con Reacciones Adversas.

Solución al test n.º 15

1. a) Es aquel que se causa por errores en la medicación.

2. c) Categoría I.

3. b) Podría haber causado un daño en el paciente.

4. d) Es un efecto perjudicial o indeseado dependiente del fármaco y/o del organismo.

5. b) La tarjeta amarilla.

6. b) Alerta farmacéutica.

7. a) 3 clases.

8. d) Las opciones a) y c) son correctas.

9. c) Los pacientes y usuarios del Sistema Nacional de Salud.

10. b) Farmacovigilancia Española, Datos de Reacciones Adversas.

TEST N.º 16

Organización del almacén de farmacia. Recepción. Almacenamiento: termolábiles, fotoprotección. Sistemas automáticos de almacenamiento. Control de caducidades. Sistema de devoluciones

1. Entendemos como almacén:

a) El espacio de un laboratorio farmacéutico o de un distribuidor en el que se guardan los medicamentos producidos.
b) El lugar en el que los establecimientos de farmacia guardan los productos que han adquirido y que no tienen previsto vender de forma inmediata.
c) El conjunto de productos e instrumentos de un establecimiento de farmacia.
d) Todas son correctas.

2. El conjunto de artículos y materiales que posee un centro asistencial en espera de su utilización posterior en las diferentes secciones o unidades de la misma se denomina:

a) Artículos.
b) Almacenamiento.
c) Productos.
d) *Stock*.

3. Señala el enunciado correcto en relación con el funcionamiento del almacén sanitario:

a) Solicitar el reabastecimiento.
b) Recepción y registro de los materiales suministrados.
c) Rechazo del material que no satisfaga los requisitos del pedido.
d) Todos son enunciados correctos.

4. Las técnicas más comunes de recepción de pedidos son:

a) Abastecimiento a demanda y reposición.
b) Reposición diaria y masiva.

c) Reposición diaria y automática.
d) Registro y control.

5. Indica la respuesta correcta con relación a la reposición automática de los productos dispensados por el sistema de gestión de pedidos:

a) Coincide con el número máximo de unidades existentes.
b) Indica las existencias generales en almacén.
c) Propone órdenes de pedidos de los productos que han superado un límite mínimo de unidades establecidas previamente.
d) Informa sobre el margen de existencias utilizables.

6. Una vez emitida la orden de pedido, el proveedor prepara el suministro de los productos solicitados junto a la documentación correspondiente. El documento que acompaña a los productos entregados se denomina:

a) Factura.
b) Nota de abono.
c) Albarán.
d) Registro.

7. Señala qué dato no figura en un albarán:

a) Datos del proveedor.
b) Ficha de almacén.
c) Datos del cliente.
d) Fecha de envío.

8. El albarán es:

a) El documento por el que la Oficina de Farmacia solicita el suministro de determinados productos a un proveedor.
b) El documento que acompaña al pedido en el momento de su entrega al comprador.
c) Es un documento mercantil que recoge toda la información de una operación de compraventa.
d) Es un documento en el que se registran las devoluciones realizadas.

9. Son productos de reposición diaria aquellos que:

a) Quedan por debajo del *stock* mínimo o están predefinidos como artículos de reposición diaria.
b) Tienen un gran consumo todo el año.
c) Se dispensan en dosis unitarias.
d) Ninguna es correcta.

10. Señala cuál es un artículo de reposición diaria en un SFH:

a) Productos termolábiles.
b) Productos estupefacientes.
c) Vacunas individualizadas.
d) Todas son correctas.

11. Según el principio de Pareto, los productos de mayor valor económico se clasifican dentro del grupo:

a) A.
b) B.
c) C.
d) D.

12. Según la clasificación ABC para el control de inventarios, los artículos A suponen:

a) El 75 % del valor del inventario total y el 10 % de los artículos.
b) El 20 % del valor del inventario total y el 25 % de los artículos.
c) El 5 % del valor total y el 65 % de los artículos.
d) El 50 % del valor del inventario total y el 50 % de los artículos.

13. Señala el enunciado correcto en relación con el Método de Pareto:

a) Clasifica los *stocks* según el valor del producto.
b) Se denomina también método ABC.
c) Clasifica los *stocks* según el uso del producto.
d) Las respuestas a) y b) son correctas.

14. Según el método de Pareto, los artículos del Grupo C:

a) Son artículos de elevado coste, por lo que no pueden almacenarse en grandes cantidades.
b) Son artículos con poco valor relativo, y gran volumen.
c) Son artículos de pequeño valor y pequeño volumen.
d) Son artículos de pequeño valor y gran volumen.

15. ¿Cómo se denomina al material que se consume con el uso y en general tiene un periodo corto de vida?

a) Inventariable.
b) Perecedero.
c) Fungible.
d) Activo.

16. ¿Cómo se denominan los materiales de vida larga y de poco uso del almacén?

a) Perecederos.
b) Inventariables.
c) Fungibles.
d) Ninguna de las anteriores.

17. ¿Cuál es la precaución que se debe tomar al utilizar un medicamento foto-sensible?

a) Debe protegerse de la luz.
b) Debe protegerse del sol.
c) Debe protegerse de los rayos ultravioletas.
d) Debe protegerse de la luz y el calor.

18. ¿Cuál es la precaución que se debe tomar al utilizar un medicamento termolábil?

a) Debe protegerse de la luz.
b) Debe protegerse del frío.
c) Debe protegerse de los rayos ultravioletas.
d) Debe protegerse del calor.

19. Se denomina producto higroscópico:

a) Al que se altera por acción del agua.
b) Al que se altera si no tiene agua.
c) Al que se altera por acción de la luz directa.
d) Al que se altera por el calor.

20. El siguiente pictograma significa:

a) Explosivo.
b) Inflamable.
c) Comburente.
d) Tóxico.

21. Señala el significado del siguiente pictograma:

a) Tóxico.
b) Nocivo.
c) Irritante.
d) Comburente.

22. El material termolábil para su almacenamiento:

a) Necesita refrigeración.
b) Necesita esterilización.

c) Necesita condiciones especiales.
d) Necesita acondicionamiento de la temperatura.

23. Se denomina producto perecedero:

a) Aquel que tiene una vida determinada de duración.
b) Aquel que necesita refrigeración.
c) Aquel que necesita ser custodiado.
d) Aquel que se altera por acción del agua.

24. Señala el significado del siguiente pictograma:

a) Inflamable.
b) Explosivo.
c) Comburente.
d) Tóxico.

25. Se entiende por *stock*:

a) Aquellos bienes o productos que están destinados a ser vendidos o dispensados mediante la actividad principal de la empresa.
b) Al almacenamiento de productos para atender la demanda extraordinaria del hospital.
c) Al almacenamiento que permite atender la demanda con la mayor rentabilidad del capital invertido.
d) Aquellos productos y recursos materiales que no se están utilizando en el momento determinado.

26. El *stock* formado por todos los productos expuestos al público en las oficinas de farmacia se denomina:

a) *Stock* mínimo.
b) *Stock* vivo.
c) *Stock* óptimo.
d) *Stock* ciego.

27. ¿Cómo se denomina al *stock* que permite cubrir la demanda con la mínima inversión y el mínimo almacenaje?

a) *Stock* vivo.
b) *Stock* ciego.
c) *Stock* óptimo.
d) *Stock* total.

28. En relación con el coeficiente de rotación de un *stock*, señala lo correcto:

a) Es el número de veces que se ha utilizado el *stock* en un periodo de tiempo determinado, generalmente un año.
b) Se considera que el *stock* es óptimo cuando tiene un coeficiente de rotación de entre 6 y 8.

c) La rotación de producto es alta cuando se venden y reponen en muchas unidades.

d) Todas son correctas.

29. La previsión perfecta de un almacén tiene en cuenta:

a) El tiempo.

b) El número de unidades.

c) El *stock* máximo, minino y activo.

d) Todo lo anterior lo tiene en cuenta.

30. ¿Cómo se denomina al volumen de un determinado artículo que tenemos en el almacén por encima de los que se va a necesitar?

a) Gestión de *stock*.

b) *Stock* de seguridad.

c) *Stock* sobrante.

d) *Stock* activo.

31. Para la valoración de existencias de un almacén se puede emplear:

a) El cálculo del Precio Medio Ponderado de los productos.

b) El cálculo del montante económico por facturas pagadas.

c) El cálculo según registro de salidas de productos de almacén.

d) El cálculo mediante inventario manual de existencias.

32. De los sistemas de cálculo que se pueden utilizar en la valoración de existencias, señala la respuesta correcta:

a) El método LIFO calcula el valor de existencias de un producto considerando que la primera unidad que entro en el almacén sale la última.

b) El método FIFO calcula el valor de existencias de un producto considerando que la última unidad que entró en el almacén es la última que sale.

c) El método FIFO calcula el valor de existencia de un producto considerando que la primera unidad que entró en el almacén es la primera que sale.

d) El sistema LIFO calcula el valor de existencias de un producto considerando que la última unidad que entró en el almacén es la última que sale.

33. Señala la respuesta correcta en relación con el método conocido como "precio medio ponderado" para la valoración de existencias del almacén:

a) Utiliza el precio de las existencias más antiguas.

b) Utiliza el precio de las existencias que se recibieron antes.

c) Utiliza el valor medio de la adquisición de todas las existencias.

d) No se utiliza para valorar existencias.

34. Las aplicaciones informáticas utilizadas en la gestión de almacén permiten ofrecer:

a) La generación de pedidos.
b) Valorar las existencias en un momento dado.
c) Anotar encargos.
d) Todas son correctas.

35. Indica el periodo de tiempo dentro del cual debe efectuarse la devolución de los medicamentos caducados:

a) En el mes siguiente a la fecha de caducidad.
b) En los tres meses siguientes a la fecha de caducidad.
c) En los 5 años siguientes a la fecha de caducidad.
d) A los seis meses siguientes a la fecha de caducidad.

36. El encargado del almacén le ruega al Técnico que tenga muy en cuenta que las mercancías han de estar ordenadas siempre según el criterio FIFO; tal criterio hace referencia a:

a) Primero en entrar, último en salir.
b) Último en entrar, primero en salir.
c) Primero en entrar, primero en salir.
d) Salidas por fechas de caducidad.

37. En relación al Código Nacional no es cierto que:

a) El CN es un sistema de identificación rápido, cuyo objeto es ayudar y facilitar la gestión de las oficinas de farmacia y servicios de farmacia hospitalaria, haciendo posible la adquisición de los medicamentos, efectos y accesorios, productos de parafarmacia que se encuentran en el mercado nacional, mediante el tratamiento informático de los indicados productos.
b) El Código Nacional es un número de 7 cifras que permite identificar los distintos productos farmacéuticos,
c) El Consejo General de Colegio Oficial de Farmacéuticos asigna el Código Nacional a los productos farmacéuticos.
d) Se establece que todo medicamento contenga impreso en su cartonaje el Código Nacional en el ángulo superior izquierdo de la cara principal, y en el cupón precinto las dispensables por la Seguridad Social.

38. Un código de barras es:

a) Una etiqueta con un número determinado de barras negras inscritas en ella, que proporcionan información sobre el producto.
b) Un código identificativo propio de cada almacén.

c) Un código de referencia.
d) La forma ordenada de realizar los pedidos a proveedores.

39. El número de veces que se consume y repone la mercancía a lo largo del año se llama:

a) *Stock*.
b) Rotación.
c) Alternancia.
d) Existencias.

40. Si al final de año se desean conocer con exactitud las existencias del almacén, habrá de realizarse un:

a) Inventario.
b) Valoración.
c) Diagrama de flujos.
d) Pareto.

41. Las normas de seguridad e higiene en los almacenes sanitarios tienen como objetivo:

a) Mejorar el aspecto del Servicio de Farmacia.
b) Prevenir los riesgos laborales.
c) Facilitar la entrada de los usuarios.
d) Todas las respuestas anteriores son correctas.

42. Los medicamentos caducados que los pacientes llevan a las farmacias para deshacerse de ellos:

a) Deben depositarse en los contenedores específicos para ellos.
b) Deben tirarse al cubo de la basura.
c) Deben reetiquetarse.
d) Deben llevarse al punto limpio.

43. El inventario es:

a) Una lista detallada del recuento físico de todas las existencias que posee una empresa que tiene valor monetario.
b) El volumen de existencias que se tiene en el almacén, por encima de lo que normalmente se espera necesitar, para hacer frente a las fluctuaciones en exceso de demanda o a retrasos imprevistos en la entrega de los pedidos.
c) Cantidad máxima que puede ser almacenada de un determinado producto.
d) Todas las respuestas anteriores son correctas.

44. El inventario permanente:

a) Se realiza una vez al año.
b) Se realiza diariamente el inventario de los artículos que han salido ese día.
c) Se realiza con la frecuencia que se haya establecido, teniendo en cuenta su valor económico y sus movimientos.
d) Se realiza semanalmente.

45. Señala el enunciado correcto en relación con el inventario:

a) Son sistemas de seguimiento de las existencias del almacén cada cierto tiempo.
b) Es un recuento manual e informático de todos los artículos del almacén.
c) Es un método más perfecto que las fichas del almacén.
d) Las respuestas a) y c) son correctas.

46. Los productos termolábiles se identifican por:

a) Símbolo en forma de estrella.
b) Símbolo en forma de reloj de arena.
c) Símbolo con un termometro.
d) Ninguna es correcta.

47. Si deseamos coger el producto que tenga su fecha de caducidad más cercana al momento de la dispensación, elegiremos el situado:

a) Arriba, delante, a la derecha.
b) Arriba, atrás, a la derecha.
c) Abajo, delante, a la izquierda.
d) Abajo, atrás, a la izquierda.

48. La revisión de las caducidades de las existencias se realizarán:

a) Una vez al año.
b) Una vez al mes.
c) Cada seis meses.
d) Cuando se repone de manera masiva.

49. Exigen un control detallado con anotaciones de entradas, salidas y existencias e informes detallados a los servicios de Sanidad. Existe la obligación de almacenarlos en caja fuerte cerrada y con acceso restringido. Nos referimos a:

a) Fórmulas magistrales.
b) Materias primas para la formulación magistral.
c) Productos termolábiles.
d) Estupefacientes.

50. ¿Qué organismo asigna el Código Nacional a cada producto?

a) El Consejo General del Colegio Oficial de Farmacéuticos.
b) La Agencia Española de Medicamentos y Productos Sanitarios.
c) El Ministerio de Sanidad.
d) La Subdelegación de Sanidad de cada comunidad.

51. La devolución de medicamentos, productos sanitarios y/o principios activos se realiza por las siguientes causas, excepto una; indica cuál:

a) Por haberse alcanzado la fecha de caducidad.
b) Por anulación del registro.
c) Por error en el número de unidades realizadas bajo pedido.
d) Cese de actividad de un laboratorio.

52. El servicio de farmacia podrá realizar la devolución de estupefacientes caducados:

a) Directamente a los mayoristas junto con el resto de los medicamentos.
b) Siguiendo el protocolo estandarizado para todos los medicamentos.
c) Utilizando los correspondientes talonarios de vales oficiales.
d) Si alcanza un mínimo de unidades.

53. Con respecto a las aplicaciones informáticas para el control de pedidos en farmacia hospitalaria:

a) Solo almacenan datos para detectar el punto del *stock* mínimo.
b) Disponen de lectores ópticos que facilitan la adquisición, recepción y dispensación de los productos que llegan con el pedido.
c) No existe una conexión directa con los proveedores.
d) Son programas independientes del resto de gestión de farmacia hospitalaria.

54. Los sistemas de comunicación con el proveedor pueden ser:

a) Visita personal.
b) Fax.
c) Vía telefónica.
d) Todos son sistemas de comunicación con el proveedor.

55. En el caso de los productos que son retirados por la administración sanitaria competente, se debe:

a) Entregar una fotocopia del albarán de recepción.
b) Rellenar la hoja de control de devoluciones.
c) Entregar la hoja de pedido.
d) Solicitar la factura al proveedor.

Solución al test n.º 16

1. d) Todas son correctas.

2. b) Almacenamiento.

3. d) Todos son enunciados correctos.

4. c) Reposición diaria y automática.

5. c) Propone órdenes de pedidos de los productos que han superado un límite mínimo de unidades establecidas previamente.

6. c) Albarán.

7. b) Ficha de almacén.

8. b) El documento que acompaña al pedido en el momento de su entrega al comprador.

9. a) Quedan por debajo del *stock* mínimo o están predefinidos como artículos de reposición diaria.

10. d) Todas son correctas.

11. a) A.

12. a) El 75 % del valor del inventario total y el 10 % de los artículos.

13. d) Las respuestas a) y b) son correctas.

14. d) Son artículos de pequeño valor y gran volumen.

15. c) Fungible.

16. b) Inventariables.

17. a) Debe protegerse de la luz.

18. d) Debe protegerse del calor.

19. a) Al que se altera por acción del agua.

20. b) Inflamable.

21. d) Comburente.

22. d) Necesita acondicionamiento de la temperatura.

23. a) Aquel que tiene una vida determinada de duración.

24. b) Explosivo.

25. a) Aquellos bienes o productos que están destinados a ser vendidos o dispensados mediante la actividad principal de la empresa.

26. b) *Stock* vivo.

27. c) *Stock* óptimo.

28. d) Todas son correctas.

29. d) Todo lo anterior lo tiene en cuenta.

30. b) *Stock* de seguridad.

31. a) El cálculo del Precio Medio Ponderado de los productos.

32. c) El método FIFO calcula el valor de existencia de un producto considerando que la primera unidad que entró en el almacén es la primera que sale.

33. c) Utiliza el valor medio de la adquisición de todas las existencias.

34. d) Todas son correctas.

35. d) A los seis meses siguientes a la fecha de caducidad.

36. c) Primero en entrar, primero en salir.

37. d) Se establece que todo medicamento contenga impreso en su cartonaje el Código Nacional en el ángulo superior izquierdo de la cara principal, y en el cupón precinto las dispensables por la Seguridad Social.

38. a) Una etiqueta con un número determinado de barras negras inscritas en ella, que proporcionan información sobre el producto.

39. b) Rotación.

40. a) Inventario.

41. b) Prevenir los riesgos laborales.

42. a) Deben depositarse en los contenedores específicos para ellos.

43. a) Una lista detallada del recuento físico de todas las existencias que posee una empresa que tiene valor monetario.

44. b) Se realiza diariamente el inventario de los artículos que han salido ese día.

45. d) Las respuestas a) y c) son correctas.

46. a) Símbolo en forma de estrella.

47. a) Arriba, delante, a la derecha.

48. c) Cada seis meses.

49. d) Estupefacientes.

50. a) El Consejo General del Colegio Oficial de Farmacéuticos.

51. c) Por error en el número de unidades realizadas bajo pedido.

52. c) Utilizando los correspondientes talonarios de vales oficiales.

53. b) Disponen de lectores ópticos que facilitan la adquisición, recepción y dispensación de los productos que llegan con el pedido.

54. d) Todos son sistemas de comunicación con el proveedor.

55. b) Rellenar la hoja de control de devoluciones.

Laboratorio farmacéutico: conceptos generales. Material de uso frecuente. Equipos de laboratorio. Puesta a punto y mantenimiento de los equipamientos y de los materiales. Procedimientos de limpieza, desinfección, conservación y esterilización del material y equipos. Control de calidad de material y equipos

1. Toda persona física o jurídica que se dedique a la fabricación de especialidades farmacéuticas o cualquiera de los procesos se define como:

a) Distribuidor farmacéutico.
b) Laboratorio farmacéutico.
c) Farmacéutico.
d) Almacén farmacéutico.

2. ¿Qué legislación dispone cuáles son los requisitos que debe cumplir un solicitante para conseguir la autorización del laboratorio farmacéutico?

a) Decreto 150/2005, de 9 de marzo.
b) Real Decreto Legislativo 1/2015, de 24 de julio.
c) Real Decreto 175/2001, de 23 de febrero.
d) Ley 75/1997, de 15 de agosto.

3. Uno de los siguientes es un requisito que debe cumplir un solicitante para conseguir la autorización del laboratorio farmacéutico:

a) Detallar las formas farmacéuticas que pretenda fabricar, así como el lugar, establecimiento o laboratorio de fabricación y control.
b) Disponer de locales, equipo técnico y de controles adecuados y suficientes para una correcta fabricación, control y conservación que responda a las exigencias legales.
c) Disponer de un Director Técnico.
d) Todas son correctas.

4. El laboratorio galénico consta de:

a) Superficie lisa e impermeable, de fácil limpieza y desinfección.
b) Pila de agua potable, caliente y fría.
c) Zona diferenciada de material sucio y limpio.
d) Consta de todo lo anterior.

5. En todo laboratorio galénico es recomendable disponer de un utillaje mínimo. Señala la respuesta falsa:

a) Aparatos de medida de volumen de 0,5 a 500 ml.
b) Morteros de vidrio y porcelana.
c) Balanzas que determinen el peso de 1 g a 1 kg.
d) Sistemas de baño maría.

6. En el caso de que el laboratorio galénico elabore cápsulas dispondrá de:

a) Mezcladora.
b) Máquina de comprimir.
c) Capsuladora.
d) Todo lo anterior es correcto.

7. Si se preparan comprimidos y grageas será obligatorio poseer:

a) Bomba de grageado.
b) Mezcladora.
c) Material para su adecuado control de calidad.
d) Todo lo anterior.

8. Si el laboratorio galénico elabora preparados estériles como colirio o inyectables, no deberá disponer de:

a) Mezcladora.
b) Agua apirógena para inyección.
c) Autoclave.
d) Dardo calorífico para cerrar ampollas y pinza capsuladora para cerrar viales.

9. ¿Qué requisitos debe cumplir el material de vidrio del laboratorio?

a) Ser resistente mecánicamente frente a los ácidos y álcalis.
b) Ser resistente térmicamente.
c) Ser fabricados con vidrio carbonatado.
d) Todas son correctas.

10. El material de plástico del laboratorio presenta como principal característica:

a) Ser inerte y resistente a la temperatura.
b) Ser material de soporte.
c) Ser económico y desechable.
d) Ser resistente a elevadas temperaturas y resistente químicamente.

11. Señala qué precaución NO tomarás a la hora de trabajar con vidrio en el laboratorio:

a) No someterlo a cambios bruscos de temperatura.
b) No someterlo a cambios bruscos de presión.
c) No dejar soluciones concentradas de ácidos en vidrio de borosilicato.
d) No aplicar fuerza sobre tapones.

12. ¿Qué material de los citados a continuación utilizará el técnico/a para filtraciones al vacío con bomba de succión?

a) Bureta.
b) Matraz aforado.
c) Matraz Kitasato.
d) Vaso de precipitado.

13. Son ventajas del material de plástico frente al vidrio:

a) Alto peso molecular.
b) Resistencia frente a la rotura.
c) Que todos son termorresistentes.
d) Que son termosensibles.

14. Señala cuál es una ventaja del plástico frente al vidrio:

a) Que es más caro.
b) Que previene de contaminaciones cruzadas.
c) Que no resiste a las altas temperaturas.
d) Que presenta interacción con los compuestos químicos.

15. Señala qué desventaja posee el plástico frente al vidrio:

a) No soporta temperaturas altas sin deformarse.
b) Presenta mucha absorción y desorción.
c) Presenta interacción con los compuestos químicos.
d) Todas son desventajas.

16. ¿Qué material es el más recomendado y utilizará el Técnico/a de laboratorio para análisis gravimétrico?

a) Vidrio.
b) Plástico.
c) Porcelana.
d) Metal.

17. Señala cuál de los siguientes materiales está diseñado en porcelana:

a) Crisol.
b) Pinza de Mohr.
c) Kitasato.
d) Erlenmeyer.

18. Las Pinzas de Mohr, ¿para qué se utilizan?

a) Para sujetar vasos.
b) Para cerrar conexiones de goma.
c) Para colocar crisoles.
d) Para todo lo anterior.

19. Señala cuál de los siguientes es un material NO volumétrico:

a) Vaso de precipitado.
b) Probeta.
c) Buretas.
d) Pipetas automáticas.

20. Todo el material volumétrico del laboratorio debe estar calibrado, encontrándose material volumétrico con distinto tipo de calibración. Señala la afirmación correcta en relación con los "instrumentos calibrados para contener":

a) En este material la cantidad de líquido vertido corresponde exactamente al volumen indicado, ya que la cantidad de líquido que permanece adherido a la pared del vidrio, debido a la humectación, se ha tenido en cuenta al realizar la calibración.
b) En este material la cantidad de líquido vertido se encuentra reducida en la cantidad de líquido que permanece adherida a la pared del vidrio.
c) Suelen llevar el indicador "TD".
d) Este tipo de material suele ser pipetas y buretas.

21. Señala el enunciado correcto en relación con el instrumental volumétrico:

a) Todo material volumétrico está calibrado para ser utilizado de una forma determinada y a una temperatura estándar, la cual es normalmente 20 ºC.
b) Podemos encontrar instrumentos calibrados para verter, con el indicador "TD".

c) Podemos encontrar instrumentos calibrados para contener, con el indicador "TC".
d) Todas son correctas.

22. En la utilización del material volumétrico hay que tener en cuenta:

a) El error de paralelaje.
b) La cantidad de líquido que se encuentra adherida a la pared.
c) La cantidad de líquido absorbida por el recipiente.
d) La lectura del menisco.

23. El error de paralelaje:

a) Es una lectura errónea debido al defecto de posición del operario.
b) Para evitar el error de paralelaje nuestro ojo quedará por debajo del menisco.
c) Se evitará si el ojo está al mismo nivel que la superficie del líquido.
d) Las respuestas a) y c) son correctas.

24. ¿Cómo se denomina el recipiente volumétrico de forma cilíndrica provisto de una base para darle estabilidad y con un pitorro que facilita su vaciado, van graduadas verticalmente en ml y se usan para medidas que requieren poca precisión?

a) Matraz.
b) Bureta.
c) Probeta.
d) Kitasato.

25. Las pipetas:

a) Son utensilios para transferir un volumen pequeño.
b) Deben ser precisas y exactas.
c) Pueden ser manuales y automáticas.
d) Todas son correctas.

26. La bureta:

a) Suele llevar el indicador "TD".
b) No está destinada a la transferencia de volúmenes exactos de líquidos.
c) Generalmente está calibrada para contener líquidos aunque alguna lo está para verter.
d) Todas son correctas.

27. Los matraces aforados:

a) Son material no volumétrico.
b) Presentan una forma característica de pera y fondo plano.
c) No están calibrados
d) No es un material muy exacto.

28. Un laboratorio galénico de Nivel I corresponde:

a) Al laboratorio que prepara formas farmacéuticas de uso tópico y formas farmacéuticas líquidas orales y rectales.
b) Al laboratorio que elabora preparados orales, rectales y vaginales sólidos.
c) Al laboratorio que prepara formas farmacéuticas estériles.
d) Al laboratorio que prepara antineoplásicos.

29. Un laboratorio galénico de Nivel II corresponde:

a) Al laboratorio que prepara formas farmacéuticas de uso tópico y formas farmacéuticas líquidas orales y rectales.
b) Al laboratorio que elabora preparados orales, rectales y vaginales sólidos.
c) Al laboratorio que prepara formas farmacéuticas estériles.
d) Al laboratorio que prepara antineoplásicos.

30. Una buena balanza (señala lo incorrecto):

a) Debe ser exacta.
b) Debe ser precisa.
c) Debe ser específica.
d) Debe ser sensible.

31. Los densímetros:

a) Están graduados en una escala de 1 a 200.
b) Están graduados en dos escalas: una de 0 a 100 y otra del 100 hasta 200-300.
c) Están graduados en una escala del 1 al 14.
d) Están graduadas en una escala del 1 al 10.

32. Señala lo incorrecto en relación con el picnómetro:

a) Se puede medir indirectamente la densidad de líquidos y sólidos.
b) Es denominado frasco de densidades.
c) Empleado en la determinación de líquidos de gran tamaño.
d) Es un frasquito de vidrio con tapón esmerilado con una marca grabada a determinada altura.

33. Un laboratorio galénico de nivel III tiene como equipamiento:

a) Horno Pasteur.
b) Autoclave.
c) Homogeneizador.
d) Todas son correctas.

34. ¿Cómo se realiza el mantenimiento de un baño maría?

a) Cambiando periódicamente el agua.
b) Limpiando la cuba para evitar el depósito de sales.
c) Comprobando el correcto funcionamiento con un termómetro distinto al instalado en el sistema.
d) Todas son correctas.

35. Para la incubación de reactivos, muestras o mezclas y cultivos en medio líquido, utilizaremos:

a) Baño.
b) Estufa.
c) Horno.
d) Cualquiera de ellos.

36. Las estufas para esterilización y desecación pueden alcanzar temperaturas entre:

a) 60-300 ºC.
b) Más de 100 ºC.
c) Más de 1000 ºC.
d) 25-60 ºC.

37. Las estufas bacteriológicas trabajan a unas temperaturas de:

a) 50 a 300 ºC.
b) Más de 100 ºC.
c) Más de 1000 ºC.
d) Hasta 60 ºC.

38. Son partes de una estufa:

a) Caja interior.
b) Fuente de calor.
c) Circulador de aire.
d) Todas son partes.

39. Con el frío no se consigue:

a) Aumentar los procesos químicos.
b) Reducir el metabolismo de los gérmenes.
c) Reducir el crecimiento de los gérmenes.
d) Aumento de la concentración de solutos en el agua residual.

40. Un dispositivo práctico para el control y mantenimiento de la temperatura de los congeladores es:

a) Uso de ampollas con esporas atenuadas.
b) Viales con solución coloreada (sulfato de cobre).
c) Termómetros.
d) Todas son correctas.

41. La medición de pH:

a) Se realiza con el pHmetro.
b) Es la medida indirecta del número de protones presentes en un sustrato.
c) Es una determinación potenciométrica típica.
d) Todas son correctas.

42. Si necesitamos una agitación rápida y breve para resuspender partículas, ¿qué agitador sería el más idóneo?

a) Agitador orbital.
b) Agitador de rodillos.
c) Agitador vórtex.
d) Agitador magnético.

43. ¿Qué técnica emplea calor húmedo?

a) Tindalización.
b) Horno Pasteur.
c) Autoclave.
d) Poupinel.

44. Los morteros de pasta se utilizan para:

a) Soluciones y pociones.
b) Maceración.
c) Troceado.
d) Los colirios.

45. Un método bacteriostático es aquel:

a) Que produce un efecto mortal sobre las bacterias.
b) Que produce un efecto mortal sobre los microorganismos.
c) Que impide la multiplicación o inhibe el desarrollo de las bacterias.
d) Que impide la multiplicación o inhibe el desarrollo de los microorganismos.

46. Un método bacteriolítico es aquel:

a) Que produce un efecto mortal sobre las bacterias.
b) Que produce un efecto mortal sobre los microorganismos.
c) Que impide la multiplicación o inhibe el desarrollo de las bacterias.
d) Que impide la multiplicación o inhibe el desarrollo de los microorganismos.

47. Dentro de los agentes físicos de mayor influencia sobre los microorganismos encontramos:

a) Temperatura.
b) Humedad.
c) Radiaciones.
d) Todos tienen influencia.

48. ¿Qué técnica de saneamiento permite la destrucción de todo tipo de microorganismos?

a) Incineración.
b) Esterilización.
c) Desinfección.
d) Limpieza.

49. ¿Qué técnica de saneamiento permite la destrucción de organismos patógenos, excepto sus formas de resistencia?

a) Incineración.
b) Esterilización.
c) Desinfección.
d) Limpieza.

50. El óxido de etileno se utiliza para:

a) Esterilizar.
b) Desinfectar.
c) Limpiar.
d) Oxidar.

51. Señala la respuesta falsa con relación a los antisépticos:

a) Son sustancias antimicrobianas.
b) Son tóxicos.
c) Se destinan a la desinfección de la piel.
d) Son desinfectantes.

52. ¿Cuál de las siguientes no es una cualidad de un buen desinfectante?

a) Amplio espectro.
b) Inestable.
c) Compatible.
d) Biodegradable.

53. ¿Ante qué microorganismos actúa el agua oxigenada?

a) Aerobios.
b) Bacterias Gram+.
c) Bacterias Gram–.
d) Anaerobios.

Solución al test n.º 17

1. b) Laboratorio farmacéutico.

2. b) Real Decreto Legislativo 1/2015, de 24 de julio.

3. d) Todas son correctas.

4. d) Consta de todo lo anterior.

5. c) Balanzas que determinen el peso de 1 g a 1 kg.

6. c) Capsuladora.

7. d) Todo lo anterior.

8. a) Mezcladora.

9. b) Ser estables térmicamente.

10. c) Ser económico y desechable.

11. c) No dejar soluciones concentradas de ácidos en vidrio de borosilicato.

12. c) Matraz Kitasato.

13. b) Resistencia frente a la rotura.

14. b) Que previene de contaminaciones cruzadas.

15. d) Todas son desventajas.

16. c) Porcelana.

17. a) Crisol.

18. b) Para cerrar conexiones de goma.

19. a) Vaso de precipitado.

20. b) En este material la cantidad de líquido vertido se encuentra reducida en la cantidad de líquido que permanece adherida a la pared del vidrio.

21. d) Todas son correctas.

22. a) El error de paralelaje.

23. d) Las respuestas a) y c) son correctas.

24. c) Probeta.

25. d) Todas son correctas.

26. a) Suele llevar el indicador "TD".

27. b) Presentan una forma de pera y fondo plano.

28. a) Al laboratorio que prepara formas farmacéuticas de uso tópico y formas farmacéuticas líquidas orales y rectales.

29. b) Al laboratorio que elabora preparados orales, rectales y vaginales sólidos.

30. c) Debe ser específica.

31. b) Están graduados en dos escalas: una de 0 a 100 y otra del 100 hasta 200-300.

32. c) Empleado en la determinación de líquidos de gran tamaño.

33. d) Todas son correctas.

34. d) Todas son correctas.

35. a) Baño.

36. a) 60-300 ºC.

37. d) Hasta 60 ºC.

38. d) Todas son partes

39. a) Aumentar los procesos químicos.

40. b) Viales con solución coloreada (sulfato de cobre)

41. d) Todas son correctas.

42. c) Agitador vórtex.

43. c) Autoclave.

44. a) Soluciones y pociones.

45. c) Que impide la multiplicación o inhibe el desarrollo de las bacterias.

46. a) Que produce un efecto mortal sobre las bacterias.

47. d) Todos tienen influencia.

48. b) Esterilización.

49. c) Desinfección.

50. a) Esterilizar.

51. b) Son tóxicos.

52. b) Inestable.

53. d) Anaerobios.

**Campanas de flujo laminar. Tipos.
Funciones del Técnico de Farmacia. Limpieza y desinfección
de las campanas. Mantenimiento de las campanas**

1. Respecto a las salas blancas señala lo correcto:

a) El personal trabaja en condiciones de asepsia y bajo la supervisión del farmacéutico.
b) Estas salas se limpian varias veces al día con productos desinfectantes.
c) Es obligatorio el uso de EPi y estos equipos no deben salir de las salas asépticas.
d) Todas son correctas.

2. En las salas blancas según la norma UNE-En ISO 146644-1, es un local en el que se controla la concentración de partículas contenidas en el aire y que además su construcción y utilización se realiza de forma que el número de partículas introducidas o generadas y existentes en el interior del local sea lo menor posible y en la que además se puedan controlar otros parámetros. Señala qué otros parámetros se deben controlar:

a) Temperatura.
b) Humedad.
c) Presión.
d) Todo lo anterior se debe controlar.

3. Las salas blancas se clasifican:

a) Por el grado de pureza del aire exterior y por el flujo del aire de las partículas.
b) Por el grado de pureza del aire interior y por el número de partículas del aire.
c) Por el grado de pureza del aire interior y por el flujo del aire.
d) Por el grado de pureza de los materiales de filtro.

4. Señala el enunciado incorrecto en relación con las salas blancas:

a) Las salas blancas están clasificadas por diferentes organismos y estándares internacionales según el número de partículas medido y la dimensión de estas partículas.
b) Las salas blancas, por el tipo de flujo, pueden ser de flujo multidireccional y unidireccional.

c) Según el flujo multidireccional el movimiento del aire es laminar.

d) El rendimiento de estas salas está ensayado según la normativa ISO 14644-1 que determina la categoría de limpieza aunque se aplica también la norma americana US Federal Standard 209E.

5. Un *Speakers* es:

a) Una sala blanca.
b) Una cabina de seguridad.
c) Un intercomunicador.
d) Una salida de emergencia.

6. ¿Cuál es un aspecto importante en el diseño de las salas blancas?

a) La ubicación de las salas de preparación donde serán colocadas las cabinas de flujo.
b) El personal de mantenimiento.
c) Los documentos de trabajo a realizar.
d) La distribución del espacio.

7. Las salas blancas:

a) Son áreas aisladas del ambiente exterior.
b) Son áreas que requieren una interacción continua con el exterior.
c) Requieren de procesos interno e interacciones entre áreas distintas en los que debe evitarse la contaminación cruzada.
d) Todas son correctas.

8. Entendemos por "SAS":

a) Las puertas de emergencias.
b) Las salas blancas.
c) Las esclusas.
d) Las zonas intermedias.

9. Respecto a las recomendaciones de trabajo en las salas blancas se encuentra:

a) Se utilizan las esclusas para el intercambio de productos entre el exterior y el interior de las cabinas.
b) La puerta del recinto permanecerá cerrada para evitar corrientes de aire.
c) No pueden estar presentes muchas personas, no se recomienda la presencia de más de dos manipuladores.
d) Todas son ciertas.

10. Una situación en reposo de la sala blanca, es aquella:

a) En que la instalación está funcionando sin el personal.
b) La instalación no está funcionando pero el personal sí está en la sala.

c) La instalación está completa con el equipo de producción instalada y en funcionamiento pero sin estar presente el personal.

d) La sala, ni está en funcionamiento ni tiene personal.

11. Una situación en funcionamiento de la sala blanca es aquella:

a) En que la instalación está funcionando de la forma definida de trabajo con el número de personas definidas trabajando.

b) En que la instalación no está funcionando de la forma definida de trabajo con el número de personas definidas trabajando.

c) En que la instalación no está funcionando ni presenta personal.

d) Ninguna es correcta.

12. Respecto a las salas blancas:

a) Las salas blancas deben garantizar la exclusión microbiana, la exclusión de partículas y la exclusión de cualquier contaminación cruzada.

b) Por el tipo de flujo de aire, las salas blancas se agrupan en flujo horizontal y vertical.

c) La sala blanca es "un local en el que no se controla la concentración de partículas contenidas en el aire, pero se controla el flujo de aire".

d) Las salas blancas están provistas de esclusas de entradas y salidas únicamente para el personal que trabaja dentro de estas instalaciones.

13. Por el grado de pureza del aire interior, las salas blancas se clasifican en:

a) Tipos I, II y III.
b) Grados A, B y C.
c) Grados A, B, C y D.
d) Tipos I, II, III y IV.

14. Selecciona la respuesta incorrecta en relación con las salas blancas:

a) Las salas blancas son salas especiales en las que se trabaja con cabinas de flujo laminar, aunque no es necesario mantener condiciones de esterilidad.

b) Se ubican en un lugar aislado del servicio para evitar pasar cercar si no hay necesidad.

c) Poseen dos puertas, una de seguridad previa, zonas intermedia y otra interna, que da acceso a la zona de esterilidad.

d) En las salas blancas el personal trabaja bajo la supervisión del farmacéutico.

15. Las cabinas de seguridad de clase I presentan un inconveniente; señala cuál:

a) Que protegen al personal y al ambiente.
b) Que se usan para el manejo de citostáticos y otros productos peligrosos.
c) No proporcionan protección al material con el que se trabaja.
d) Se usan específicamente para aislar equipos como centrifugadoras y equipos de cultivo.

16. La función principal de un flujo laminar es:

a) Mantener el nivel de humedad y temperatura constante en el entorno de los productos.
b) Seccionar en líneas paralelas cada partícula que compone un producto.
c) Proteger totalmente los productos durante su manipulación así como el entorno que lo rodea.
d) Comprobar tanto la velocidad como la presión adecuada del aire dentro de una cabina.

17. Para crear un área de trabajo estéril:

a) La velocidad del ventilador debe ser regulada por un controlador electrónico.
b) Se utilizará una lámpara de rayos ultravioleta situada en el interior de la cabina.
c) La presión debe ajustarse correctamente para que el flujo sea laminar.
d) El manómetro situado en el exterior de la cabina controlará la presión en todo momento.

18. La diferencia entre las cabinas de seguridad de clase I y las de clase II es:

a) Las de Clase II ofrecen protección al producto frente a la contaminación.
b) Las de Clase I tienen filtro HEPA.
c) En las de Clase II el aire pasa directamente sobre el área de trabajo.
d) Las de Clase I ofrecen mayor nivel de seguridad.

19. La seguridad del personal puede verse comprometida al entrar o salir aire contaminado del área de trabajo debido:

a) Al tamaño del laboratorio.
b) A la presencia de muchas personas.
c) A las corrientes de aire que interfieren el flujo laminar.
d) A la luz utilizada en la zona de la cabina.

20. Una de las siguientes características NO es propia de las cabinas de clase III; señala cuál:

a) Son recintos herméticos en presión negativa.
b) La manipulación se hace a través de unos guantes que llevan incorporadas.
c) La extracción del aire se hace mediante doble filtración HEPA.
d) Requieren un área limpia para su ubicación.

21. Para designar la mejor localización del área de trabajo de las Cabinas de Seguridad, estas deben ubicarse en salas de clase:

a) 100.000.
b) ISO Clase 5.
c) 10.000.
d) M 6.5.

22. Las Cabinas de Seguridad clase III se recomiendan para el manejo de:

a) Agentes químicos en forma de polvo.
b) Centrifugadoras y equipos de cultivo.
c) Medicamentos peligrosos.
d) Productos no estériles.

23. La limpieza del suelo del área de trabajo se hará:

a) Diariamente con agua jabonosa.
b) Con tejidos estériles y alcohol de 70º.
c) Se barrerá el recinto y se limpiará con una fregona de uso exclusivo.
d) Con agua e hipoclorito sódico en una solución no inferior al 0,1% en cloro activo.

24. Señala la respuesta incorrecta. Para mantener la asepsia en la zona de trabajo:

a) En ningún caso se utilizará aire acondicionado.
b) La puerta del área debe abrirse hacia la zona de trabajo.
c) Se evitarán puertas y ventanas que creen corrientes de aire.
d) No se recomienda la presencia de más de dos manipuladores.

25. La limpieza de la cabina se realizará:

a) Antes de realizar un test de control biológico.
b) El frontal de metacrilato se limpiará con alcohol de 70º.
c) La parte externa se limpiará con clorhexidina al 5 %.
d) Desde las áreas de mayor a menor contaminación.

26. Para poner en marcha la Cabina de Seguridad Biológica se deben realizar las siguientes acciones EXCEPTO una; indica cuál:

a) Verificar que las rejillas de retorno de aire están libres de obstrucciones.
b) Encender el ventilador de la cabina.
c) Encender la lámpara UV.
d) Verificar la lectura del manómetro indicador de presión.

27. Llamamos "zona de partición de humo" aquella en la que:

a) Se sitúan los materiales sintéticos.
b) Se encuentran las rejillas de salida y entrada del flujo laminar.
c) Se demarca la zona de trabajo.
d) Se colocan los materiales contaminados para su posterior incineración.

28. Señala la respuesta incorrecta. El trabajo del Técnico en Farmacia en las cabinas de seguridad tipos I y II requiere:

a) El uso de bata con manga larga y puños ajustados, guantes y, si resulta apropiado, mascarilla.

b) Antes del trabajo, lavado de antebrazos, manos y uñas con jabón de arrastres.

c) Preparación del área de trabajo.

d) Limpieza del material antes de introducirlo en la cabina.

29. El inconveniente del uso de mecheros Bunsen es que:

a) No es posible descontaminarlos.

b) No poseen elementos de protección individual.

c) Generan gran número de partículas.

d) Alteran el patrón de flujo laminar.

30. Para comenzar a trabajar en la cabina de seguridad biológica, colocaremos los siguientes materiales EXCEPTO uno; indica cuál:

a) El material estéril en la parte trasera derecha.

b) La bolsa de bioseguridad.

c) Un recipiente para almacenamiento seguro de objetos puntiagudos.

d) Un recipiente con desinfectante para las pipetas.

31. Antes de retirar de la cabina los objetos que hayan estado en contacto con material contaminado se debe:

a) Efectuar descontaminación de superficie.

b) Realizar un informe que detalle los agentes contaminantes y nivel del riesgo de contaminación.

c) Cubrir con gasas estériles humedecidas en alcohol de 70º.

d) Limpiar con jabón germicida.

32. Después del cambio de filtro HEPA debe realizarse un proceso de certificación. En el caso de no haber sustituido los filtros, ¿cuándo debe realizarse tal proceso?

a) Una vez a la semana.

b) Una vez al mes.

c) Una vez al año.

d) Una vez cada dos años.

33. La *American Society of Health-System Pharmacists* (ASHP) y la *Occupational Safety and Health Administration* (OSHA), recomiendan:

a) Revisar periódicamente las cabinas para asegurarse de que están en perfecto estado.

b) El funcionamiento permanente de la cabina, con el ventilador encendido, durante las 24 horas.

c) Encender el ventilador y apagar la lámpara ultravioleta aunque la cabina no esté en uso.
d) Comprobar que los indicadores están dentro de los límites de seguridad permitidos.

34. Todas las cabinas de seguridad biológica, tipos I, II y III, tienen en común los siguientes sistemas básicos, EXCEPTO uno; indica cuál:

a) Extracción.
b) Cuerpo.
c) Lámpara ultravioleta.
d) Filtros HEPA.

35. Señala cuál es la función del manómetro de la cabina:

a) Indica la temperatura interior.
b) Controla la presión estática positiva de los conductos del aire.
c) Indica si existen partículas o contaminación dentro de la cabina.
d) Indica la intensidad de radiación que emite la lámpara ultravioleta.

36. Indica con qué periodicidad debe limpiarse la lámpara UV:

a) Diaria.
b) Semanal.
c) Mensual.
d) Anual.

37. ¿Cada cuánto tiempo deben cambiarse los filtros HEPA?

a) Mensual.
b) Anual.
c) Bianual.
d) Trianual.

38. ¿Qué función tiene la lámpara ultravioleta en la cabina de seguridad biológica?

a) Bactericida.
b) Mantener la temperatura estable para muestras de cultivos.
c) Detectar el flujo laminar constante.
d) Localizar áreas con posible contaminación.

39. Señala la respuesta incorrecta. La filtración HEPA:

a) No permite el paso de partículas mayores de 0,3 micrómetros.
b) Precisa áreas de trabajo con presión negativa.
c) Tienen una eficiencia del 70 %.
d) La velocidad del ventilador es regulada por un controlador electrónico.

40. ¿En qué momento en la práctica diaria debe realizarse el lavado de manos por primera vez en la jornada?

a) Al llegar al trabajo.
b) Después de quitarse los guantes.
c) Después de utilizar los servicios.
d) Al terminar la jornada.

41. ¿Qué se debe emplear al finalizar la jornada para evitar lesiones en la piel por la sobrecarga en la misma que se produce por el reiterado lavado de manos?

a) Alcohol de 70º.
b) Crema protectora.
c) Clorhexidina.
d) Mercurocromo.

42. El grifo de agua durante el lavado quirúrgico de manos no debe cerrarse con:

a) El sistema de pedal de pie.
b) La palanca de codo.
c) Las manos directamente.
d) No puede cerrarse con las respuestas a) y b).

43. ¿Cómo categorizarías una recomendación del CDC (*Centers for Diseases Control and Prevention*) para la higiene de manos del personal sanitario que implica que esté fuertemente recomendado para la puesta en práctica y apoyado por multitud de estudios experimentales, clínicos, o epidemiológicos bien diseñados?

a) IA.
b) IB.
c) II.
d) III.

44. ¿A qué categoría corresponde la recomendación de prácticas de higiene de manos (según el sistema de CDC/HICPAC) que dice: "fuertemente recomendado para la puesta en práctica y apoyado por ciertos estudios experimentales, clínicos, o epidemiológicos y un fuerte análisis teórico razonado"?

a) IA.
b) IB.
c) IC.
d) ID.

45. ¿Qué recomendación corrientemente se debe llevar a cabo si las manos no están visiblemente sucias?

a) Deben lavarse las manos con agua y jabón antimicrobiano.
b) Usar soluciones alcohólicas para la frotación de manos para la descontaminación rutinaria.

c) Deben lavarse las manos con agua y jabón antimicrobiano o no antimicrobiano.
d) No es necesario hacer nada.

46. El profesional sanitario debe lavarse las manos antes del contacto con el paciente:

a) Para proteger al paciente de los gérmenes nocivos que podrían entrar en su cuerpo, incluidos los gérmenes del propio paciente.
b) Para protegerse y proteger el entorno de atención de salud de los gérmenes dañinos del paciente.
c) Para proteger a los familiares del paciente de los gérmenes nocivos que tiene en las manos el auxiliar y el paciente.
d) Para proteger al paciente de los gérmenes nocivos que tiene en las manos.

47. Según la OMS, ¿cuántos momentos hay para el lavado de las manos?

a) 3.
b) 4.
c) 5.
d) 6.

48. Según la OMS, ¿cuál es el segundo momento del lavado de manos?

a) Antes de tocar al paciente.
b) Antes de realizar una tarea aséptica.
c) Después del riesgo de exposición a líquidos corporales.
d) Después de tocar al paciente.

49. Según la OMS, ¿cuál es el último momento para el lavado de manos?

a) Antes de tocar al paciente.
b) Después del riesgo de exposición a sus líquidos.
c) Después de tocar al paciente.
d) Después del contacto con el entorno del paciente.

50. La verificación de la intensidad de la radiación que emite la lámpara se realiza con:

a) Ultravioleta.
b) Radiómetro.
c) Manómetro.
d) Láser.

Solución al test n.º 18

1. d) Todas son correctas.

2. d) Todo lo anterior se debe controlar.

3. c) Por el grado de pureza del aire interior y por el flujo del aire.

4. c) Según el flujo multidireccional el movimiento del aire es laminar.

5. c) Un intercomunicador.

6. a) La ubicación de las salas de preparación donde serán colocadas las cabinas de flujo.

7. d) Todas son correctas.

8. c) Las esclusas.

9. d) Todas son ciertas.

10. c) La instalación está completa con el equipo de producción instalada y en funcionamiento pero sin estar presente el personal.

11. a) En que la instalación está funcionando de la forma definida de trabajo con el número de personas definidas trabajando.

12. a) Las salas blancas deben garantizar la exclusión microbiana, la exclusión de partículas y la exclusión de cualquier contaminación cruzada.

13. c) Grados A, B, C y D.

14. a) Las salas blancas son salas especiales en las que se trabaja con cabinas de flujo laminar, aunque no es necesario mantener condiciones de esterilidad.

15. c) No proporcionan protección al material con el que se trabaja.

16. c) Proteger totalmente los productos durante su manipulación así como el entorno que lo rodea.

17. b) Se utilizará una lámpara de rayos ultravioleta situada en el interior de la cabina.

18. a) Las de Clase II ofrecen protección al producto frente a la contaminación.

19. c) A las corrientes de aire que interfieren el flujo laminar.

20. d) Requieren un área limpia para su ubicación.

21. c) 10.000.

22. c) Medicamentos peligrosos.

23. d) Con agua e hipoclorito sódico en una solución no inferior al 0,1% en cloro activo.

24. a) En ningún caso se utilizará aire acondicionado.

25. a) Antes de realizar un test de control biológico.

26. c) Encender la lámpara UV.

27. c) Se demarca la zona de trabajo.

28. b) Antes del trabajo, lavado de antebrazos, manos y uñas con jabón de arrastres.

29. d) Alteran el patrón de flujo laminar.

30. a) El material estéril en la parte trasera derecha.

31. a) Efectuar descontaminación de superficie.

32. c) Una vez al año.

33. b) El funcionamiento permanente de la cabina, con el ventilador encendido, durante las 24 horas.

34. c) Lámpara ultravioleta.

35. b) Controla la presión estática positiva de los conductos del aire.

36. b) Semanal.

37. c) Bianual.

38. a) Bactericida.

39. c) Tienen una eficiencia del 70 %.

40. a) Al llegar al trabajo.

41. b) Crema protectora.

42. c) Las manos directamente.

43. a) IA.

44. b) IB.

45. b) Usar soluciones alcohólicas para la frotación de manos para la descontaminación rutinaria.

46. d) Para proteger al paciente de los gérmenes nocivos que tiene en las manos.

47. c) 5.

48. c) Después del riesgo de exposición a líquidos corporales.

49. d) Después del contacto con el entorno del paciente.

50. b) Radiómetro.

TEST N.º 19

Laboratorio de formulación magistral y preparados oficinales. Real Decreto 175/2001, de 23 de febrero. Material del laboratorio. Elaboraciones del laboratorio. Funciones del Técnico de Farmacia en el laboratorio

1. Son funciones de la unidad de Farmacotecnia las siguientes excepto una; indica cuál:

a) Preparación de fórmulas que están disponibles en el comercio.
b) Proporcionar en todo momento formas de dosificación adecuadas a las necesidades específicas del hospital.
c) Operaciones de reenvasado de especialidades para su adecuación a los sistemas de distribución propios del hospital.
d) Elaboración y control de formulaciones normalizadas y extemporáneas.

2. Con relación a la elaboración y control de diversas formas farmacéuticas, ¿cuál es la afirmación incorrecta?

a) El Técnico de Farmacia deberá conocer las técnicas fundamentales de análisis de los medicamentos.
b) El Técnico de Farmacia debe señalar toda anomalía y constatar las posibles faltas de conformidad con el procedimiento de elaboración.
c) El Técnico de Farmacia tiene la responsabilidad sobre las preparaciones que se realizan en el servicio farmacéutico.
d) El Técnico de Farmacia debe conocer las técnicas de envasado e identificación de los medicamentos en el hospital.

3. Señala la respuesta correcta. La elaboración de cualquier preparado y bajo supervisión directa del farmacéutico puede hacerla:

a) El Farmacéutico.
b) El Técnico de Farmacia.
c) Un DUE.
d) Todas son correctas.

4. El Técnico de Farmacia:

a) Establecerá las condiciones higiénicas del personal.
b) Elaborará las fórmulas tipificadas, preparados oficinales y preparaciones estériles.
c) Se ocupará de la calibración de equillos y aparatos de medida.
d) Se encargará del reenvasado de sólidos y líquidos.

5. Según el Real Decreto 175/2001, se establece que:

a) Las materias primas utilizadas en la preparación de fórmulas magistrales y preparados oficinales deben ser sustancias de acción e indicación reconocidas legalmente en España.
b) Existen determinados requisitos de eficacia, seguridad, calidad, identificación correcta e información debida del medicamento.
c) Las materias primas pueden ser seleccionadas por el Farmacéutico responsable siempre que cumplan el control de calidad.
d) Los procedimientos de elaboración son funciones del Farmacéutico responsable.

6. Un lote de materia prima con la referencia C/2/2011, indica que se trata de:

a) Un medicamento elaborado en febrero de 2011.
b) Un coadyuvante elaborado en febrero de 2011.
c) Un medicamento de segunda entrada en 2011.
d) Un coadyuvante de segunda entrada en 2011.

7. La unidad de mezclas intravenosas:

a) Debe contar con un espacio reservado para la lectura y redacción de documentos en el que se encuentre a mano toda la documentación reglamentaria.
b) Debe evitar los mecanismos de filtración de aire para evitar la contaminación de muestras.
c) Debe estar aislada del resto del servicio de farmacia.
d) Se utilizarán cabinas de seguridad de flujo laminar tipo I.

8. Señala la respuesta errónea. Los citostáticos tienen características específicas:

a) Carcinógenas.
b) Teratógenas.
c) Mutágenas.
d) Colinérginas.

9. La ficha de control de calidad de materias primas debe contener los siguientes datos, excepto uno; indica cuál:

a) Descripciones detalladas de las técnicas utilizadas.
b) Número de lote.

c) Farmacéutico responsable.
d) Número de control de estocaje.

10. Para la preparación de hidrogeles será necesario contar con:

a) Agitador mecánico de velocidad regulable.
b) Microondas o fuente calefactora.
c) Tamizadora oscilante.
d) PH-metro.

11. En la elaboración de formulaciones normalizadas, las características de fabricación del lote de tamaño estándar se designarán con las siglas:

a) OT.
b) MC.
c) FM.
d) PO.

12. Como mínimo, el servicio de Farmacotecnia deberá producir, con niveles adecuados de calidad:

a) Cápsulas gelatinosas rígidas.
b) Citostáticos.
c) Colirios.
d) Enemas.

13. Cuando se prescribe una fórmula magistral:

a) Se elabora directamente.
b) Se ponen en cuarentena los productos.
c) El farmacéutico responsable validará la fórmula.
d) Se le asignará una referencia que indicará el número de lote y la fecha de caducidad.

14. La manipulación de citostáticos se debe realizar:

a) En cabinas de seguridad biológica de flujo laminar horizontal.
b) En cabinas de seguridad biológica de flujo laminar vertical.
c) En cabinas de seguridad biológica de flujo laminar alterno.
d) En cabinas de seguridad biológica de flujo laminar difuso.

15. De las siguientes recomendaciones en el caso de citotóxicos para administrar por vía intravenosa, ¿cuál es incorrecta?

a) Conectar el equipo de infusión adecuado a la solución intravenosa dentro de la cabina de flujo laminar.
b) Medir la densidad de la solución intravenosa.

c) Purgar el equipo con la solución intravenosa antes de añadir el medicamento.

d) Las jeringas y los equipos de infusión deben tener conexiones Luer-lock.

16. Las normas de higiene del personal del laboratorio incluyen las siguientes condiciones excepto una, indique cuál:

a) Prohibición de comer, fumar o mascar chicle.

b) Empleo de ropa específica en función de la fórmula magistral a preparar.

c) Separación temporal de la preparación de personas afectadas por lesiones en la piel o afecciones que impliquen algún riesgo.

d) Protección especial (mascarilla y guantes, si fuera adecuado su uso) para los rayos ultravioletas.

17. ¿Qué documentos reglamentarios deben encontrarse en el Área de Servicio de Farmacia?

a) La Real Farmacopea Española y el Formulario Nacional.

b) El Registro de Dispensaciones de Fórmulas Magistrales y la Real Farmacopea Española.

c) El Vademécum y el Formulario Nacional.

d) El Catálogo de Especialidades y el Vademécum.

18. Un hospital puede utilizar fórmulas que no estén recogidas en el Formulario Nacional siempre que:

a) Sean utilizadas para uso individualizado de un paciente concreto.

b) No, los hospitales no pueden utilizar fórmulas que no estén en el Formulario Nacional.

c) Sean aprobadas por Comisión de Farmacia y Terapéutica.

d) Sean publicadas en el Vademécum en próximas ediciones.

19. ¿Qué característica fundamental define a las formas farmacéuticas parenterales?

a) Están identificadas de manera individualizada por paciente.

b) Son suspensiones.

c) Son estériles.

d) Son emulsiones.

20. Indica la respuesta incorrecta. Según el RD 175/2001 referente al área de trabajo, se contará con:

a) Fregadero con agua fría y caliente.

b) Frigorífico con termómetro con temperatura máxima y mínima.

c) Congelador para productos que requieran temperaturas por debajo de los 0 ºC.

d) Soporte horizontal que evite las vibraciones.

21. La limpieza de la cabina se realizará:

a) Antes de realizar una prueba de control mecánico o biológico en la zona de trabajo.
b) El frontal de metacrilato se limpiará con alcohol de 70º.
c) La parte externa se limpiará con clorhexidina al 5 %.
d) Desde las áreas de mayor a menor contaminación.

22. La ficha de control de calidad de las materias primas debe contener los datos de identificación siguientes excepto uno; indica cuál:

a) Número de registro de control interno.
b) Cantidad de materia prima.
c) Fecha de caducidad.
d) Técnicas analíticas utilizadas.

23. Se define como el medicamento destinado a un paciente individualizado, preparado por un farmacéutico, o bajo su dirección, para cumplimentar expresamente una prescripción facultativa detallada de los principios activos que incluye, según las normas de correcta elaboración y control de calidad establecidas al efecto, dispensado en oficina de farmacia o servicio farmacéutico y con la debida información al usuario:

a) Preparado oficinal.
b) Medicamento especial.
c) Fórmula magistral.
d) Forma galénica.

24. Las fórmulas magistrales deberán:

a) Dispensarse bajo marca comercial.
b) Prepararse con sustancias de acción e indicación reconocidas legalmente en España.
c) Estar numeradas y descritas en el Formulario Nacional.
d) Cumplir las normas de la Real Farmacopea Española.

25. Por regla general, los preparados oficinales deberán presentarse bajo:

a) Marca comercial.
b) Fórmula química.
c) Principio activo.
d) Nombres de las materias primas.

26. ¿Cómo se denominan las fórmulas magistrales recogidas en el Formulario Nacional por razón de su frecuente uso y utilidad?

a) Preparados oficinales.
b) Formas galénicas.

c) Fórmulas magistrales básicas.
d) Fórmulas magistrales tipificadas.

27. En función del contacto con el producto, el material de acondicionamiento de los medicamentos se clasifica en:

a) Primario o secundario.
b) Envases o embalajes.
c) Activo o inactivo.
d) Básico o complejo.

28. ¿Cómo denomina el Real Decreto 175/2001, de 23 de febrero, la situación de las materias primas, de los productos intermedios, a granel o terminados, y de los materiales de acondicionamiento que se encuentran aislados físicamente, o de otra forma efectiva, mientras se toma la decisión de su aprobación o rechazo?

a) Cuarentena.
b) Suspensión.
c) Confiscación.
d) Decomiso.

29. Según el Real Decreto 824/2010, de 25 de junio, por el que se regulan los laboratorios farmacéuticos, los fabricantes de principios activos de uso farmacéutico y el comercio exterior de medicamentos y medicamentos en investigación, la documentación relativa a los lotes deberá conservarse, por lo menos, hasta un año después de la fecha de caducidad de los mismos, o si es un período más largo, hasta transcurridos desde la certificación del director técnico:

a) 3 años.
b) 5 años.
c) 7 años.
d) 10 años.

30. Los procedimientos normalizados de elaboración y control de preparados farmacéuticos y fórmulas magistrales:

a) Son de uso abierto y generalizado.
b) Se consideran propiedad intelectual del Estado.
c) Se consideran propiedad intelectual del laboratorio.
d) Se consideran propiedad intelectual de la Comunidad Autónoma correspondiente.

31. Los procedimientos normalizados de trabajo OF corresponden a:

a) Procedimientos de operaciones farmacéuticas.
b) Procedimientos de oficinas de farmacia.

c) Procedimientos oficiales de farmacia.
d) Procedimientos originales farmacéuticos.

32. ¿Qué significa la abreviatura "Csp" en el Formulario Nacional?

a) Compuesto sulfúrico puro.
b) Complejo singular propio.
c) Coeficiente sustancias peligrosas.
d) Cantidad suficiente para.

33. El Formulario Nacional contiene las fórmulas magistrales tipificadas y los preparados oficinales reconocidos como medicamentos, sus categorías, indicaciones y materias primas que intervienen en su composición y preparación, así como las normas de correcta preparación y control de aquellos, en forma de:

a) Monografías.
b) Enciclopedia.
c) Tratado.
d) Recetas.

34. La Real Farmacopea Española y el Formulario Nacional, así como sus adiciones y correcciones, serán aprobados por el Ministerio competente en materia de sanidad, previo informe de la Comisión Nacional de la Real Farmacopea Española:

a) Facultativo y vinculante.
b) Preceptivo y vinculante.
c) Facultativo y no vinculante.
d) Preceptivo y no vinculante.

35. La Real Farmacopea Española y el Formulario Nacional se actualizarán:

a) A solicitud de la Comisión Nacional de la Real Farmacopea Española.
b) Cada 5 años.
c) Conforme al estado de la ciencia.
d) Anualmente.

36. Entre los procedimientos normalizados de trabajo considerados generales por la segunda edición del Formulario Nacional, figura el referido a:

a) La indumentaria.
b) La elaboración de pomadas.
c) La determinación de pH.
d) El mezclado.

37. Entre las monografías de fórmulas magistrales tipificadas contempladas en la segunda edición del Formulario Nacional, figura:

a) Agua boricada.
b) Alcohol iodado.
c) Gel anestésico tópico de lidocaína.
d) Loción de calamina.

38. Entre las monografías de preparados oficinales contempladas en la segunda edición del Formulario Nacional, figura:

a) Gel de carmelosa sódica.
b) Magma de bentonita.
c) Solución al 2 % de nitrato de plata.
d) Alcohol de romero al 5 %.

39. Entre las monografías de materias primas de fitoterapia recogidas en la segunda edición del Formulario Nacional, figura:

a) Polvo de ajo.
b) Cápsulas duras de corteza de frángula.
c) Pomada de bálsamo de Perú.
d) Hoja de harpagofito.

40. ¿Cuál de las siguientes definiciones de materia prima es correcta, según el Real Decreto Legislativo 1/2015, de 24 de julio?

a) Toda sustancia activa empleada en la fabricación de un medicamento, ya permanezca inalterada, se modifique o desaparezca en el transcurso del proceso.
b) Toda sustancia activa o inactiva empleada en la fabricación de un medicamento, que permanezca inalterada en el transcurso del proceso.
c) Toda sustancia inactiva empleada en la fabricación de un medicamento, que se modifique o desaparezca en el transcurso del proceso.
d) Toda sustancia activa o inactiva empleada en la fabricación de un medicamento, ya permanezca inalterada, se modifique o desaparezca en el transcurso del proceso.

41. Señala la opción incorrecta. Conforme al Real Decreto 175/2001, de 23 de febrero, por el que se aprueban las normas de correcta elaboración y control de calidad de fórmulas magistrales y preparados oficinales, las materias primas se deben examinar en el momento de su recepción para verificar:

a) Su integridad.
b) Su idoneidad.
c) Su aspecto.
d) El etiquetado de los envases.

42. Para asegurar la calidad de unas materias primas controladas por un centro autorizado:

a) Bastará con el número de referencia de control.

b) Se considerará suficiente el número de referencia de control y el boletín de análisis suministrado por el centro autorizado, debidamente firmado por el director técnico.

c) El farmacéutico responsable deberá realizar el control analítico completo de las materias primas suministradas, para verificar que cumplen con las especificaciones de la Real Farmacopea Española y, elaborar la ficha de control de calidad.

d) El centro autorizado deberá encargar el análisis a un laboratorio debidamente acreditado por la autoridad sanitaria competente.

43. La caducidad de las materias primas ha de ser sometido a continuo control, y para ello se recomienda realizarlo periódicamente:

a) Quincenalmente.

b) Mensualmente.

c) Trimestralmente.

d) Semestralmente.

44. Es aconsejable, para evitar complicaciones con las caducidades de las materias primas, no aceptar materias primas cuya fecha de caducidad sea inferior a (a partir de):

a) 3 meses.

b) 6 meses.

c) 9 meses.

d) 12 meses.

45. En relación a los excipientes, es cierto que:

a) Se utilizan como material de acondicionamiento.

b) Han de ser activos química y biológicamente.

c) Pueden servir de vehículo a los principios activos y sustancias medicinales.

d) Forman parte del principio activo.

46. Son excipientes que se incorporan a la formulación para ayudar a la acción del principio activo:

a) Las bases.

b) Las pomadas.

c) Las sustancias auxiliares.

d) Los coadyuvantes.

47. Es un excipiente diluyente, utilizado frecuentemente como relleno en tabletas o cápsulas de gelatina blanda:

a) Flor de cártamo.
b) Talco.
c) Celulosa vegetal.
d) Ácido ascórbico.

48. Los polvos medicinales:

a) Son preparados constituidos por agregados líquidos desecados.
b) Son productos de plantas o drogas sometidos a pulverización.
c) Se utilizan únicamente como productos intermedios.
d) Se obtienen por polvorización.

49. Los gránulos de liberación modificada se preparan para que:

a) Retrasar la velocidad, el lugar o el momento de liberación del principio activo
b) La velocidad y el momento de la liberación del principio activo se modifiquen
c) El principio activo se libere de forma retardada.
d) Modificar la velocidad, el lugar o el momento de liberación del principio activo

50. Si el técnico utiliza el nomograma, como obtendría el número o tamaño de la cápsula:

a) En ordenadas (eje Y), el número de cápsula.
b) En abscisas (eje X) el volumen aparente de principio activo.
c) En diagonales, el número total de capsulas a preparar.
d) Todas son correctas.

51. Un nomograma es un gráfico que relaciona:

a) El número de capsula, el peso del polvo y la cantidad de cápsulas que se van a elaborar.
b) El número de cápsula, el volumen de cada cápsula y la cantidad de cápsula que se van a elaborar.
c) El número de cápsula, el volumen aparente del polvo y la cantidad de capsulas que se van a elaborar.
d) El número de cápsula, el peso de cada cápsula y la cantidad de cápsulas que se van a elaborar.

52. ¿Cuál es la operación galénica que consiste en reducir el tamaño de las partículas hasta reducirlo en polvo?

a) Granulación.
b) Desagregación.

c) Pulverización.
d) Liofilización.

53. ¿Qué son las cápsulas? Señala lo incorrecto:

a) Formas farmacéuticas sólidas formadas por una cubierta de naturaleza, forma y capacidad variable.
b) Contienen sustancias medicamentosas sólidas, liquidas o semisólidas.
c) La cubierta puede estar formada por almidón, dando lugar a capsulas amiláceas.
d) Pueden estar formadas por gelatina y glicerol, dando lugar a (obleas o sellos).

54. Las cápsulas de gelatina blandas:

a) No tienen cubierta.
b) Tienen cubiertas más finas que las de las cápsulas duras.
c) Tienen una cubierta de una sola pieza.
d) Ninguna es correcta.

55. Los comprimidos:

a) Son las formas farmacéuticas obtenidas por compresión de un volumen constante de gránulos.
b) Se contaminan fácilmente por microorganismos.
c) Presentan una baja estabilidad mecánica.
d) Tienen baja biodisponibilidad.

56. No son un tipo de excipiente habitual en los comprimidos:

a) Plastificantes.
b) Disgregantes.
c) Diluyentes.
d) Adsorbentes.

57. Los comprimidos pueden ser:

a) Revestidos.
b) Efervescentes.
c) De liberación retardada.
d) Dispensables.

58. El factor de desplazamiento de los supositorios se define como:

a) La cantidad de principio activo que hay en el supositorio.
b) El volumen de excipiente que hay en el supositorio.
c) La concentración de principio activo respecto del excipiente.
d) El peso en gramos de excipiente desplazado por un gramo de fármaco.

Solución al test n.º 19

1. a) Preparación de fórmulas que están disponibles en el comercio.

2. c) El Técnico de Farmacia tiene la responsabilidad sobre las preparaciones que se realizan en el servicio farmacéutico.

3. b) El Técnico de Farmacia.

4. b) Elaborará las fórmulas tipificadas, preparados oficinales y preparaciones estériles.

5. a) Las materias primas utilizadas en la preparación de fórmulas magistrales y preparados oficinales deben ser sustancias de acción e indicación reconocidas legalmente en España.

6. d) Un coadyuvante de segunda entrada en 2011.

7. c) Debe estar aislada del resto del servicio de farmacia.

8. d) Colinérginas.

9. d) Número de control de estocaje.

10. a) Agitador mecánico de velocidad regulable.

11. a) OT.

12. a) Cápsulas gelatinosas rígidas.

13. c) El farmacéutico responsable validará la fórmula.

14. b) En cabinas de seguridad biológica de flujo laminar vertical.

15. b) Medir la densidad de la solución intravenosa.

16. d) Protección especial (mascarilla y guantes, si fuera adecuado su uso) para los rayos ultravioletas.

17. a) La Real Farmacopea Española y el Formulario Nacional.

18. c) Sean aprobadas por Comisión de Farmacia y Terapéutica.

19. c) Son estériles.

20. c) Congelador para productos que requieran temperaturas por debajo de los 0 ºC.

21. a) Antes de realizar una prueba de control mecánico o biológico en la zona de trabajo.

22. d) Técnicas analíticas utilizadas.

23. c) Fórmula magistral.

24. b) Prepararse con sustancias de acción e indicación reconocidas legalmente en España.

25. c) Principio activo.

26. d) Fórmulas magistrales tipificadas.

27. a) Primario o secundario.

28. a) Cuarentena.

29. b) 5 años.

30. c) Se consideran propiedad intelectual del laboratorio.

31. a) Procedimientos de operaciones farmacéuticas.

32. d) Cantidad suficiente para.

33. a) Monografías.

34. d) Preceptivo y no vinculante.

35. c) Conforme al estado de la ciencia.

36. a) La indumentaria.

37. c) Gel anestésico tópico de lidocaína.

38. d) Alcohol de romero al 5 %.

39. a) Polvo de ajo.

40. d) Toda sustancia activa o inactiva empleada en la fabricación de un medicamento, ya permanezca inalterada, se modifique o desaparezca en el transcurso del proceso.

41. b) Su idoneidad.

42. b) Se considerará suficiente el número de referencia de control y el boletín de análisis suministrado por el centro autorizado, debidamente firmado por el director técnico.

43. b) Mensualmente.

44. b) 6 meses.

45. c) Pueden servir de vehículo a los principios activos y sustancias medicinales.

46. d) Los coadyuvantes.

47. a) Flor de cártamo.

48. b) Son productos de plantas o drogas sometidos a pulverización.

49. d) Modificar la velocidad, el lugar o el momento de liberación del principio activo

50. d) Todas son correctas.

51. c) El número de cápsula, el volumen aparente del polvo y la cantidad de capsulas que se van a elaborar.

52. c) Pulverización.

53. d) Pueden estar formadas por gelatina y glicerol, dando lugar a (obleas o sellos).

54. c) Tienen una cubierta de una sola pieza.

55. a) Son las formas farmacéuticas obtenidas por compresión de un volumen constante de gránulos.

56. a) Plastificantes.

57. b) Efervescentes.

58. d) El peso en gramos de excipiente desplazado por un gramo de fármaco.

Reenvasado de medicación. Procedimiento. Tipos de reenvasado: reenvasadora de sólidos y líquidos. Características del reenvasado

1. Señala la respuesta correcta sobre el reenvasado de medicamentos:

a) Incluye el acondicionamiento de medicamentos, que son las operaciones que se realizan a todos los medicamentos, una vez que han sido elaborados, para que lleguen al paciente en condiciones óptimas de estabilidad, seguridad y eficacia.

b) Este envasado de fármacos es imprescindible porque posibilita su identificación, manipulación, transporte, distribución, almacenamiento, dispensación y utilización.

c) Todo reenvasado se considera una operación galénica, en donde se requiere cambio de envase por lo que deben estar presentes las Buenas Prácticas de Manufactura de Productos Farmacéuticos (BPM).

d) Todas son correctas.

2. Los reenvasados requieren BPM, con el fin de disminuir los riesgos inherentes a la producción farmacéutica. Señala cuál es un riesgo:

a) Contaminación cruzada.

b) Confusión por colocación equivocada de las etiquetas de los envases.

c) Generación de aerosoles.

d) Todos son riesgos a evitar en el reenvasado de medicamentos.

3. Las Buenas Prácticas de Manufacturación de Productos Farmacéuticos no exige:

a) Que todos los procesos se definan claramente, se revisen y se compruebe que cumplen con la calidad adecuada.

b) Que se compruebe alguna etapa.

c) Que las instrucciones y procedimientos se redacten de forma clara e inequívoca.

d) Que se mantengan registros, para demostrar que todas las operaciones exigidas por los procedimientos e instrucciones definidas han sido en realidad efectuados y que la calidad sea la prevista.

4. ¿Qué se entiende por reenvasado de medicamentos?

a) Sistema de distribución de medicamentos por dosis múltiple sin manipulación del medicamento.

b) Volver a envasar la medicación que las empresas farmacéuticas presentan en la dosis prescrita y unitaria para el paciente.

c) Todo continente o soporte destinado a contener el producto, facilitar el transporte y presentar el producto para la venta.

d) Envasar un medicamento para que pueda ser administrado al paciente en la dosis prescrita por el médico, permitiendo una fácil y completa identificación sin necesidad de manipulación.

5. De los siguientes productos, el procedimiento de reenvasado se utiliza para:

a) Geles.

b) Aerosoles.

c) Colirios.

d) Formas orales.

6. La SEFH recomienda reenvasar:

a) Aquellos medicamentos sólidos para administración parenteral.

b) Aquellos medicamentos líquidos para administración parenteral.

c) Aquellos medicamentos sólidos y líquidos para administración por vía oral que no se presentan en dosis unitarias.

d) Todas son correctas.

7. Se recomienda reenvasar:

a) Medicamentos que se destinen a unidades de enfermería del hospital en las cuales esté implantado el sistema de dispensación de medicamentos en dosis unitaria.

b) Medicamentos que se hacen inestables al modificar las condiciones iniciales.

c) Medicamentos de dosificación variable o de dosis no presentadas por la industria farmacéutica.

d) Todas son correctas.

8. Para que un medicamento se considere envasado como dosis unitaria debe cumplir unos requisitos; señala lo incorrecto:

a) Contener la cantidad de medicamento para una sola toma.

b) Proteger su contenido frente a la contaminación, luz y humedad.

c) No estar identificado en cuanto a composición, dosis, lote y caducidad.

d) Estar disponible para su administración directa, sin necesidad de cálculos y/o manipulación previos.

9. La Sociedad Española de Farmacia Hospitalaria (SEFH) recomienda los… como tipo de reenvasado:

a) Envases unitarios elaborados con máquina envasadora para sólidos. El material utilizado dependerá de la fotosensibilidad de los medicamentos reenvasados.
b) Envases nuevos elaborados con máquina envasadora para líquidos.
c) Por reetiquetado de los blísteres que suministra la industria farmacéutica.
d) Todas son correctas.

10. Para el proceso de reenvasado no se usan equipos:

a) Manuales.
b) Automáticos.
c) Dicom.
d) Electrónicos.

11. Antes del procedimiento del reenvasado se realiza un reconocimiento del medicamento y del envase original y se verifica uno de los siguientes aspectos:

a) Revisar que los materiales y equipos de reenvase se encuentren adecuadamente acondicionados.
b) Confirmar la denominación del principio activo del medicamento a reenvasar.
c) Realizar una evaluación organoléptica y verificar los datos y características de los materiales de empaque.
d) Todas son correctas.

12. Señala lo incorrecto. En el etiquetado de los medicamentos reenvasados se debe contener la información sobre:

a) Denominación Común Internacional del medicamento.
b) Nombre del titular del reenvasado.
c) Indicaciones especiales de almacenamiento y uso, cuando se requiera.
d) Concentración, forma farmacéutica y vía de administración.

13. Señala lo incorrecto sobre el procedimiento de reenvasado:

a) El proceso completo se realiza en un área destinada a tal fin.
b) Se pueden reenvasar dos medicamentos simultáneamente.
c) Seleccionada una especialidad a reenvasar, se buscará su ficha correspondiente, cumplimentándola en todos sus apartados.
d) La información escrita que lleva cada lote de reenvasado (etiqueta autoadhesiva, o impresión directa en material de reenvasado), debe validarse por el farmacéutico encargado de la dispensación que firmará el conforme, todo ello antes de comenzar cada proceso.

14. ¿Qué se debe consignar en el registro del reenvasado?

a) Descripción completa del producto (nombre, concentración, forma farmacéutica, dosis, vía de administración).

b) El número de lote del producto reenvasado, si es que este es diferente al otorgado por el fabricante.

c) Fechas de expiración del producto original y del reenvasado.

d) Todo lo anterior es correcto.

15. NO es cierto que para el almacenamiento de los medicamentos reenvasados:

a) Se debe cumplir con las Buenas Prácticas de Almacenamiento.

b) Para minimizar la degradación causada por el calor y la humedad, todos los medicamentos se almacenarán en ambientes con temperatura y humedad controladas.

c) No se excederá de una humedad relativa del 85 % y una temperatura de 26 ºC.

d) Los materiales de empaque deben almacenarse de acuerdo con las instrucciones del fabricante.

16. ¿Cómo se puede evitar la contaminación cruzada en los procesos de reenvasado?

a) Que la producción se lleve a cabo en áreas segregadas, lo cual debe ser necesario para productos tales como penicilinas, vacunas vivas, etc., y con intervalos de tiempo, y limpieza adecuada entre un reenvasado y otro.

b) En casos necesarios se deben establecer áreas herméticas, con diferencias de presión, y dotadas de extractores de aire.

c) Que se reduzca al mínimo la contaminación causada por la recirculación o el reingreso de aire no tratado y utilizacion de EPI adecuados.

d) Todas son correctas.

17. Entre las siguientes afirmaciones, una NO es un fin a conseguir con el acondicionamiento de los medicamentos una vez elaborados; señala cuál:

a) Aprobación de la formulación.

b) Estabilidad de la forma farmacéutica.

c) Seguridad del medicamento.

d) Eficacia del fármaco.

18. Señala la respuesta incorrecta; el reenvasado de medicamentos:

a) Requiere cambio de envase, por tanto, deben estar presentes las BPM.

b) Permite el ajuste de prescripción.

c) Es responsabilidad directa del farmacéutico.

d) No necesita identificación individualizada.

19. Se recomienda reenvasar los siguientes medicamentos, excepto uno; señala cuál:

a) Antineoplásicos.
b) Comprimidos.
c) Caducados.
d) Medicamentos con dosis no presentadas por la industria farmacéutica.

20. Para que un medicamento envasado sea considerado como dosis unitaria debe cumplir, entre otros, el siguiente requisito:

a) Que tenga larga fecha de expiración.
b) Que esté disponible para su administración directa sin necesidad de cálculos y/o manipulación previas.
c) Que no pertenezca al grupo de medicamentos termolábiles.
d) Que esté identificado el paciente al que se va a administrar de forma clara y concisa para fraccionarlo en varias tomas.

21. La Sociedad Española de Farmacia Hospitalaria recomienda reenvasar aquellos medicamentos:

a) Para administración por vía oral que no se presentan en dosis unitarias.
b) Que no precisen un control de dispensación estricto.
c) Difíciles de almacenar para facilitar el estocaje.
d) Que el farmacéutico responsable considere necesarios.

22. Señala la respuesta incorrecta. Las formas farmacéuticas más fáciles de reenvasar son:

a) Comprimidos y grageas.
b) Jarabes y soluciones.
c) Cápsulas.
d) Viales inyectables.

23. El tipo de reenvasado recomendado para líquidos será:

a) Envases de plásticos reciclados.
b) Nuevos envases elaborados con máquina envasadora.
c) Reetiquetado de los envases.
d) Cargados en jeringas destinadas a tal fin.

24. En el procedimiento del reenvasado automático y semiautomático se debe considerar:

a) Que no exista deterioro en el envase.
b) Utilizar un etiquetado diferente al utilizado en el reenvasado manual.

c) La temperatura de sellado.
d) La posibilidad de reenvasar varios productos a la vez.

25. La ficha de la especialidad seleccionada a reenvasar contendrá los siguientes datos excepto uno; indica cuál:

a) Número de envases y unidades a reenvasar.
b) Lote y fecha de caducidad tanto del producto original como del reenvasado.
c) Identificación de las personas que intervienen en el proceso.
d) Denominación común internacional del medicamento.

26. El farmacéutico responsable debe cerciorarse de que la dosificación por dosis corresponde a la cantidad que aparece escrita en cada unidad reenvasada de:

a) Comprimidos.
b) Líquidos y polvos.
c) Cápsulas.
d) Grageas.

27. Para determinar la fecha de caducidad de un medicamento reenvasado:

a) Se le asignará la fecha establecida por el fabricante.
b) Se añadirán 12 meses a partir de la fecha de reenvasado del medicamento.
c) A la fecha del medicamento establecida por el fabricante se le resta la fecha del reenvasado y se divide entre 4, obteniéndose el número de meses para establecer la nueva fecha.
d) Se le asignará la fecha que corresponde a seis meses más a contar desde el día del reenvasado.

28. Para productos tales como penicilinas y vacunas vivas, es necesario adoptar medidas que eviten la contaminación cruzada:

a) Realizando la producción de reenvasado en áreas segregadas.
b) Reduciendo la producción al mínimo.
c) Agrupando la producción de envasado de tales productos en el mismo intervalo de tiempo.
d) Evitando corrientes de aire que diseminen restos del producto.

29. El empaque de medicamentos sólidos orales controlados debe:

a) Contar con una apertura a partir de un punto.
b) Tener un reverso continuo y numerado.
c) Tener un reverso opaco que permita imprimir información.
d) Ser calibrado en milímetros.

30. El envase utilizado para el reenvasado debe mantener ciertas características. Señala la que NO corresponda:

a) Versatilidad.
b) Resistencia y cierre de seguridad.
c) Transparencia.
d) Toxicidad.

31. En el etiquetado de formas líquidas reenvasadas no siempre es imprescindible la anotación de:

a) El nombre del fármaco.
b) La concentración y volumen envasado.
c) Fecha de envasado y caducidad.
d) Las características especiales del producto.

32. Si el producto envasado puede alterarse, se recomienda que la fecha de caducidad:

a) No supere los tres meses.
b) No sea superior al 25 % del tiempo transcurrido entre el reenvasado y la fecha asignada por el fabricante.
c) Sea asignada en el siguiente semestre a la fecha asignada por el fabricante.
d) Sea la misma que indique el fabricante.

33. Al finalizar el proceso de reenvasado, el Técnico de Farmacia debe:

a) Validar la composición química del producto terminado.
b) Anotar en la ficha el rendimiento del proceso.
c) Determinar la aceptación del medicamento reenvasado.
d) Determinar la fecha de vencimiento del medicamento reenvasado.

34. Para el proceso de reenvasado manual se utilizarán:

a) Bolsas de plástico autosellables.
b) Hojas de papel herméticamente cerradas.
c) Envases tipo Pounch.
d) Blísteres.

35. El software de la envasadora de sólidos permite las siguientes funciones excepto una; señala cuál:

a) Gestión de caducidades.
b) Contabilidad de unidades envasadas.
c) Copias de stock en almacén.
d) Editor de etiquetas.

36. De las siguientes cuál es una situación de riesgo que puede producirse en el reenvasado de medicamentos:

a) Generación de polvo.
b) Generación de aerosoles.
c) Contaminación cruzada por residuos en los equipos.
d) Todas son correctas.

37. ¿Para cuál de los siguientes productos se utiliza el procedimiento de reenvasado?

a) Geles.
b) Aerosoles.
c) Colirios.
d) Ninguna es correcta.

38. La Sociedad Española de Farmacia Hospitalaria recomienda distintos procedimientos para garantizar la seguridad del proceso de reenvasado. Entre las respuestas siguientes, señala la incorrecta:

a) En el área de reenvasado podemos trabajar con varios medicamentos a la vez y con el material necesario para su reenvasado.
b) El equipo y material necesario para el reenvasado debe utilizarse siguiendo las instrucciones del fabricante. Cualquier desviación debe ser justificada y autorizada por el responsable del área.
c) El proceso completo debe realizarse en un área destinada a tal fin.
d) Entre el reenvasado de dos medicamentos debe realizarse una inspección y limpieza exhaustiva de la máquina, adecuándola al nuevo proceso de reenvasado.

39. ¿Cuál de estas recomendaciones en el reenvasado de un citostático oral es falsa?

a) Usar guantes de látex con talco, bata y mascarilla.
b) Evitar aerosolización de polvo o líquido.
c) Si la presentación es en forma de suspensión, se administrará utilizando un vaso o una jeringa.
d) Las materias primas deben ir siempre etiquetadas con el término "citostático".

40. Como norma general, la cantidad de medicamentos a reenvasar no superará el consumo previsto:

a) Para un mes.
b) Para tres meses.
c) Para seis meses.
d) Para un año.

41. Señala la respuesta incorrecta. Aspectos a tener en cuenta en el reenvasado:

a) No reenvasar por un periodo mayor a 3 meses.
b) Utilizar materiales para el envasado con garantías adecuadas.
c) Mantener en todo el proceso condiciones de higiene.
d) Mantener la simplicidad en el proceso de reenvasado.

42. En el proceso automático de reenvasado de líquidos o polvos será preciso:

a) La comprobación del farmacéutico de que la dosificación por dosis corresponde a la cantidad que aparece escrita en cada unidad reenvasado.
b) La comprobación por el técnico de las dosis obtenidas.
c) Que toda la cantidad de medicamentos se retiren del área y se limpie posteriormente.
d) Validación del proceso terminado por el auxiliar autorizado.

43. El farmacéutico efectúa la revisión final del medicamento reenvasado, antes de que el lote quede listo para usarse, ¿con que finalidad?

a) Confirmar la identidad del medicamento y verificar la claridad de la etiqueta.
b) Inspeccionar los empaques y descartar los de dudosa calidad.
c) Determinar la aceptación del medicamento reenvasado.
d) Todas son correctas.

44. Los empaques en bolsa:

a) Deberán tener reverso opaco.
b) No deben permitir la liberación del contenido.
c) Deben ser calibrados en mililitros.
d) Todas son correctas.

45. Los empaques para inyectables:

a) Deberán tener reverso opaco.
b) No deben permitir la liberación del contenido.
c) Deben ser calibrados en mililitros.
d) Todas son correctas.

Solución al test n.º 20

1. d) Todas son correctas.

2. d) Todos son riesgos a evitar en el reenvasado de medicamentos.

3. b) Que se compruebe alguna etapa.

4. d) Envasar un medicamento para que pueda ser administrado al paciente en la dosis prescrita por el médico, permitiendo una fácil y completa identificación sin necesidad de manipulación.

5. d) Formas orales.

6. c) Aquellos medicamentos sólidos y líquidos para administración por vía oral que no se presentan en dosis unitarias.

7. d) Todas son correctas.

8. c) No estar identificado en cuanto a composición, dosis, lote y caducidad.

9. d) Todas son correctas.

10. c) Dicom.

11. d) Todas son correctas.

12. b) Nombre del titular del reenvasado.

13. b) Se pueden reenvasar dos medicamentos simultáneamente.

14. d) Todo lo anterior es correcto.

15. c) No se excederá de una humedad relativa del 85 % y una temperatura de 26 ºC.

16. d) Todas son correctas.

17. a) Aprobación de la formulación.

18. d) No necesita identificación individualizada.

19. c) Caducados.

20. b) Que esté disponible para su administración directa sin necesidad de cálculos y/o manipulación previas.

21. a) Para administración por vía oral que no se presentan en dosis unitarias.

22. d) Viales inyectables.

23. b) Nuevos envases elaborados con máquina envasadora.

24. c) La temperatura de sellado.

25. d) Denominación común internacional del medicamento.

26. b) Líquidos y polvos.

27. c) A la fecha del medicamento establecida por el fabricante se le resta la fecha del reenvasado y se divide entre 4, obteniéndose el número de meses para establecer la nueva fecha.

28. a) Realizando la producción de reenvasado en áreas segregadas.

29. b) Tener un reverso continuo y numerado.

30. a) Versatilidad.

31. d) Las características especiales del producto.

32. b) No sea superior al 25 % del tiempo transcurrido entre el reenvasado y la fecha asignada por el fabricante.

33. b) Anotar en la ficha el rendimiento del proceso.

34. a) Bolsas de plástico autosellables.

35. c) Copias de stock en almacén.

36. d) Todas son correctas.

37. d) Ninguna es correcta.

38. a) En el área de reenvasado podemos trabajar con varios medicamentos a la vez y con el material necesario para su reenvasado.

39. a) Usar guantes de látex con talco, bata y mascarilla.

40. c) Para seis meses.

41. a) No reenvasar por un periodo mayor a 3 meses.

42. a) La comprobación del farmacéutico de que la dosificación por dosis corresponde a la cantidad que aparece escrita en cada unidad reenvasado.

43. d) Todas son correctas.

44. a) Deberán tener reverso opaco.

45. c) Deben ser calibrados en mililitros.

TEST N.º 21

Seguridad y prevención de riesgos en el laboratorio de farmacia. Riesgos biológicos. Riesgos químicos. Riesgos físicos

1. Una norma básica de conducta del personal del laboratorio es:

a) Llevar las batas y ropa de trabajo desabrochadas.
b) Procurar que las mangas sean anchas.
c) Trabajar separado de la mesa o la poyata.
d) Lavarse las manos cada vez que se tenga contacto con algún producto químico.

2. En la utilización de productos y materiales en el laboratorio se recomienda:

a) Tomar los tubos de ensayo con los dedos, nunca con la mano.
b) Para el encendido de los mecheros Bunsen emplear preferentemente cerillas de fósforo.
c) Llevar los productos químicos en los bolsillos de las batas.
d) Calentar los tubos de ensayo frontalmente.

3. Una recomendación básica en caso de quemadura térmica es:

a) Aplicar pomada a la piel.
b) Dar abundante agua para beber.
c) Romper las ampollas.
d) Tapar la parte quemada con ropa limpia.

4. El documento que elabora el fabricante de una sustancia o mezcla química para informar de sus riesgos, se llama:

a) Libro Técnico de Riesgos.
b) Ficha de Datos de Seguridad.
c) Libro de Instrucciones.
d) Nota Técnica de Prevención.

5. ¿En cuántas secciones se ordena la información de una Ficha de Datos de Seguridad, según el Reglamento REACH?

a) 5 secciones.
b) 16 secciones.
c) 21 secciones.
d) 32 secciones.

6. En el etiquetado de un producto de limpieza, las palabras que indican el nivel relativo de gravedad de los peligros para alertar al consumidor de la existencia de un peligro potencial, se denominan:

a) Palabras de advertencia.
b) Consejos de prudencia.
c) Pictogramas.
d) Frases R.

7. El Real Decreto 664/1997, de 12 de mayo, sobre la protección de los trabajadores contra los riesgos relacionados con la exposición a agentes biológicos durante el trabajo clasifica como agente biológico del grupo 2:

a) Aquel que resulta poco probable que cause una enfermedad en el hombre.
b) Aquel que causando una enfermedad grave en el hombre supone un serio peligro para los trabajadores, con muchas probabilidades de que se propague a la colectividad y sin que exista generalmente una profilaxis o un tratamiento eficaz.
c) Aquel que puede causar una enfermedad grave en el hombre y presenta un serio peligro para los trabajadores, con riesgo de que se propague a la colectividad y existiendo generalmente una profilaxis o tratamiento eficaz.
d) Aquel que puede causar una enfermedad en el hombre y puede suponer un peligro para los trabajadores, siendo poco probable que se propague a la colectividad y existiendo generalmente profilaxis o tratamiento eficaz.

8. Proceso de colonización y multiplicación de un agente biológico en un organismo vivo, ya sea tejido, líquido corporal o en la superficie de la piel o de las mucosas, pudiendo causar una enfermedad:

a) Alergia.
b) Toxicidad.
c) Infección.
d) Envenenamiento.

9. ¿Cómo se denominan los efectos de una radiación que dependen de la dosis recibida y del tiempo de exposición?

a) Efectos estocásticos.
b) Efectos idiosincrásicos.

c) Efectos antineoplásicos.
d) Efectos deterministas.

10. Respecto a trabajos en laboratorios realizados sin vigilancia es falso que:

a) Se lleven a cabo cuando el proceso que se realiza no se puede concluir dentro del horario normal de trabajo.
b) Se quedará de guardia una de las personas responsables del laboratorio.
c) Se deja en marcha sin vigilancia hasta el día siguiente.
d) Se deja en marcha sin vigilancia hasta el siguiente turno.

11. Son normas generales para la reducción del riesgo en el almacenamiento de los productos químicos en un laboratorio:

a) Mantener el *stock* al mínimo operativo.
b) Disponer de un lugar específico (almacén) señalizado.
c) Comprobar el etiquetado de los productos.
d) Todas son correctas.

12. ¿Cuál no es una característica de los residuos de laboratorio?

a) Se generan en grandes cantidades.
b) Presentan gran variabilidad.
c) Tienen una elevada peligrosidad.
d) No suelen estar adecuadamente envasados, identificados o almacenados.

13. ¿En qué principios debe basarse la gestión de los residuos de laboratorio?

a) Tratamiento y eliminación segura.
b) Minimización.
c) Reutilización.
d) En todos ellos.

14. Si la contaminación de la atmósfera tras un accidente/incidente en el laboratorio es débil debemos actuar:

a) Evacuando al personal del local.
b) Activar el sistema de emergencia.
c) Abrir todas las ventanas.
d) Avisar al equipo de intervención.

15. Si se produce una salpicadura en el ojo durante el trabajo con sustancias en laboratorios deberemos lavarlo inmediatamente con el lavaojos durante:

a) 1 a 2 minutos.
b) 2 a 4 minutos.

c) 10 a 15 minutos.
d) 15 a 20 minutos.

16. Ante una electrocución que es lo primero que debemos de hacer:

a) Activar el PAS.
b) Hacer la reanimación cardiorrespiratoria si es preciso.
c) Cortar la corriente eléctrica del aparato que causó el accidente.
d) Suministrar bebida para activar su respiración.

17. Ante una quemadura térmica debemos:

a) Aplicar un desinfectante a la piel quemada.
b) Aplicar una pomada a la piel quemada.
c) Enfriar al accidentado.
d) No romper las ampollas de la quemadura.

18. Ante una quemadura térmica debemos:

a) No aplicar nada en la piel.
b) Aplicar una pomada a la piel quemada.
c) Enfriar al accidentado.
d) Romper las ampollas de la quemadura.

19. ¿Qué se utiliza para la absorción de un tóxico ingerido?

a) Carbón activo.
b) Agua albuminosa.
c) Café.
d) Las opciones a) y b) son correctas.

20. Organismos unicelulares o pluricelulares que desarrollan parte o todo su ciclo vital en el interior de uno o varios huéspedes:

a) Endoparásito humano.
b) Cultivo celular.
c) Microorganismos modificados genéticamente.
d) Bacterias.

Solución al test n.º 21

1. d) Lavarse las manos cada vez que se tenga contacto con algún producto químico.

2. a) Tomar los tubos de ensayo con los dedos, nunca con la mano.

3. d) Tapar la parte quemada con ropa limpia.

4. b) Ficha de Datos de Seguridad.

5. b) 16 secciones.

6. a) Palabras de advertencia.

7. d) Aquel que puede causar una enfermedad en el hombre y puede suponer un peligro para los trabajadores, siendo poco probable que se propague a la colectividad y existiendo generalmente profilaxis o tratamiento eficaz.

8. c) Infección.

9. a) Efectos estocásticos.

10. b) Se quedará de guardia una de las personas responsables del laboratorio.

11. d) Todas son correctas.

12. a) Se generan en grandes cantidades.

13. d) En todos ellos.

14. c) Abrir todas las ventanas.

15. d) 15 a 20 minutos.

16. c) Cortar la corriente eléctrica del aparato que causó el accidente.

17. d) No romper las ampollas de la quemadura.

18. a) No aplicar nada en la piel.

19. d) Las opciones a) y b) son correctas.

20. a) Endoparásito humano.

TEST N.º 22

Formas farmacéuticas y vías de administración de los medicamentos: conceptos generales. Vías de administración de medicamentos: oral, tópica, parenteral, respiratoria, rectal, vaginal, uretral, oftálmica y ótica. Formas farmacéuticas según la vía de administración

El contenido referido al test 22 lo hemos tratado con amplitud en el contenido del test 13 y test 19 de nuestra propuesta editorial.

Nutrición parenteral. Tipos. Técnicas de elaboración. Componentes de la nutrición parenteral. Material para la elaboración. Condiciones de conservación. Funciones de técnico en la elaboración de la nutrición parenteral

1. La nutrición artificial comprende:

a) La nutrición enteral.
b) La nutrición parenteral.
c) La nutrición mixta.
d) Todas son correctas.

2. Las guías de las sociedades más importantes coindicen en que deben recibir soporte nutricional especializado:

a) Los pacientes que no consumen > 60 % de sus requerimientos.
b) Durante 7-14 días los pacientes en desnutrición previa.
c) Durante 21 días en pacientes con situación crítica.
d) Será de elección la NP porque tiene menos complicaciones.

3. Al aporte de nutrientes mediante infusión en vía venosa a través de catéteres específicos para cubrir los requerimientos metabólicos y del crecimiento se denomina:

a) Nutrición parenteral.
b) Nutrición oral.
c) Nutrición enteral.
d) Nutrición normal.

4. La nutrición parenteral:

a) Está indicada para prevenir o corregir los efectos adversos de la desnutrición en pacientes que no son capaces de obtener aportes suficientes por vía oral o enteral.
b) Está indicada en aquellos pacientes que tengan una función intestinal adecuada.
c) Se puede administrar mediante catéter o sonda.
d) Todas son correctas.

5. El aporte de nutrientes por vía parenteral presenta una serie de características:

a) Aporta nutrientes directamente al torrente sanguíneo, sin el proceso digestivo pero con filtro hepático.

b) Se utiliza en pacientes con alteración de los mecanismos de regulación del medio interno.

c) No suele producir infecciones.

d) Ninguna es correcta.

6. La nutrición parenteral está indicada en:

a) Pancreatitis aguda grave.

b) Uveítis.

c) Bronquiolitis.

d) Fractura de cadera.

7. La elección de la vía central o periférica para la administración de la NP, ¿de qué depende?

a) De la duración prevista.

b) De los accesos venosos disponibles.

c) De la experiencia de cada centro.

d) Todas son correctas.

8. Cuando la osmolaridad de la mezcla es superior a los 900 mOsm/l habrá que infundir la nutrición parenteral en:

a) Una vía central (subclavia).

b) Una vía periférica.

c) Una extremidad.

d) Ninguna de las respuestas anteriores es correcta.

9. Los catéteres tunelizados tipo Hickman o Broviac o implantados se utilizan en:

a) Cuando se prevé que la duración de la nutrición a través de vía enteral sea superior a dos meses.

b) Cuando se prevé que la duración de la nutrición a través de vía parenteral sea superior a dos meses.

c) Cuando se prevé que la duración de la nutrición a través de vía parenteral sea inferior a dos meses.

d) Cuando se prevé que la duración de la nutrición a través de vía enteral sea inferior a dos meses.

10. ¿Qué tipo de vía se utiliza en la nutrición parenteral con concentraciones de baja osmolaridad?

a) Vía periférica.

b) Vía central.

c) Vía nasofaríngea.
d) Ninguna es correcta.

11. La nutrición parenteral central puede ser:

a) Continua.
b) Discontinua.
c) Cíclica.
d) Todas son correctas.

12. Entre las complicaciones mecánicas del catéter de la nutrición parenteral destaca:

a) Oclusión del catéter.
b) Neumotórax.
c) Embolia gaseosa.
d) Todas son correctas.

13. La fórmula de nutrición parenteral debe contener:

a) Solo vitaminas hidrosolubles.
b) Oligoelementos en función de la patología del paciente.
c) Hidrocarburos y lípidos que en el caso de prematuros serán: 30 - 40 kcal/kg de peso/día.
d) Aminoácidos que en el caso de recién nacidos serán: 1-1,5 g/kg de peso/día.

14. La fórmula de nutrición parenteral periférica proporciona al organismo:

a) Entre 900 y 1500 kcal.
b) Entre 900 y 1000 kcal.
c) Entre 700 y 1000 kcal.
d) Entre 600 y 1500 kcal.

15. La Nutrición parenteral periférica está indicada cuando:

a) La administración oral/enteral es imposible.
b) Está contraindicada una vía central.
c) Se usa como complementaria a la nutrición enteral.
d) Todas las respuestas anteriores son correctas.

16. La nutrición parenteral periférica puede ser:

a) Hipocalórica.
b) Hipercalórica.
c) Normocalórica.
d) Las respuestas a) y b) son correctas.

17. El metabolismo basal constituye:

a) El 60 - 70 % del gasto energético diario total.
b) El 60 - 75 % del gasto energético diario total.
c) El 60 - 85 % del gasto energético diario total.
d) El 50 - 75 % del gasto energético diario total.

18. La mínima cantidad que necesita el organismo para mantener la vida en condiciones de ayuno, relajación, reposo y temperatura externa apropiada es:

a) Balance energético.
b) Valor energético.
c) Metabolismo Basal.
d) Metabolismo energético.

19. En relación con el sorbitol responda la respuesta correcta:

a) Es un polialcohol que se metaboliza en el hígado especialmente en situaciones de estrés.
b) Es un polialcohol que se transforma en fructosa a nivel hepático.
c) Se utiliza en preparados de nutrición parenteral periférica hipercalórica.
d) Es un polialcohol que se transforma en glucosa a nivel hepático.

20. Las bolsas que se utilizan en nutrición parenteral contienen entre:

a) 1500 - 3500 ml de agua.
b) 500 - 3000 ml de agua.
c) 2000 - 3000 ml de agua.
d) 1000 - 3000 ml de agua.

21. Al aporte alimentario realizado a través de una sonda directamente hasta el estómago o el intestino delgado se llama:

a) Nutrición parenteral.
b) Nutrición oral.
c) Nutrición enteral.
d) Nutrición normal.

22. Señala la respuesta incorrecta en relación con la nutrición enteral:

a) Una formula normocalórica aporta de 1,0-1,2 Kcal por cada mililitro de formula.
b) La nutrición enteral se usará cuando el paciente sea incapaz de ingerir por vía oral los nutrientes necesarios para cubrir sus requerimientos nutricionales, pero debe tener un sistema digestivo funcional.

c) Cuando se empleen jeringas como envase de acondicionamiento de una nutrición enteral, estas deben ser específicas para nutrición enteral y diferentes de las empleadas para administración intravenosa para evitar que se produzca cualquier error en la administración del preparado.

d) El tiempo estimado de duración de la nutrición enteral no debe influir en la vía de acceso en una nutrición enteral.

23. Señala la respuesta correcta en relación con la nutrición parenteral:

a) La nutrición parenteral (NP) consiste en la provisión de nutrientes mediante su infusión a una vía venosa a través de catéteres específicos, para cubrir los requerimientos metabólicos y del crecimiento.

b) Requiere la colocación de una sonda directamente al estómago.

c) Una de sus indicaciones son las dietas de adelgazamiento, para disminuir la ingesta de nutrientes por parte del paciente.

d) No deben usarse antes de una cirugía.

24. En referencia a la conservación de preparados de Nutrición Parenteral el Técnico/a en farmacia debe saber que:

a) Las NP elaboradas deben conservarse en nevera a 2 - 8 ºC.

b) Las NP elaboradas deben conservarse protegidas de la luz.

c) Las NP pueden mantenerse entre 24h - 36h a temperatura ambiente durante su administración.

d) Las NP elaboradas pueden conservarse 4 días en nevera antes de su administración.

25. Una de las principales complicaciones que presenta la Nutrición Parenteral (NP) es el riesgo de infección por colonización del catéter. Uno de los pacientes del hospital sometidos a NP presenta esta complicación. De entre los siguientes microorganismos, señala el agente que podría causar esta complicación:

a) *Enterococcus.*

b) *Shigella.*

c) *Chlamydia.*

d) *Staphilococcus.*

26. Respecto a la compatibilidad en la mezcla de NP, señala la respuesta incorrecta:

a) Temperaturas elevadas aumentan la precipitación del fosfato cálcico.

b) El magnesio forma complejos más solubles y estables con el calcio.

c) Los precipitados pueden formarse cuando se añade una combinación incompatible de varias sales de electrolitos.

d) Las mezclas sin oligoelementos ni vitaminas presentan una mayor estabilidad en condiciones de refrigeración y protegidas de la luz.

27. En relación con la esterilidad y las condiciones de asepsia, y centrándonos en los factores que condicionan la multiplicación bacteriana, señala la respuesta incorrecta:

a) La normalidad.
b) El tiempo de administración.
c) La temperatura de conservación.
d) El pH del preparado.

28. En relación con los requerimientos de minerales, las cantidades recomendadas son las siguientes:

a) Calcio 5 - 10 mEq/día.
b) Magnesio 8 - 15 mEq/día.
c) Sodio > 60 mEq/día.
d) Potasio 70 mEq/día.

29. Entre los aminoácidos esenciales se incluye:

a) Alanina.
b) Cisteína.
c) Cistina.
d) Lisina.

30. Las características de la prescripción de la fórmula para NP incluyen:

a) Cualquier fórmula debe cubrir los requerimientos individuales del paciente.
b) El farmacéutico es el responsable de validar la composición de cada unidad de nutrientes.
c) El responsable de tener en cuenta los rangos habituales de aporte y requerimientos es el farmacéutico.
d) Todas las respuestas son correctas.

31. En relación con las indicaciones de la nutrición parenteral periférica, señala la respuesta incorrecta:

a) Situaciones en las que la administración oral/enteral, es imposible.
b) Como complemento a la nutrición parenteral total.
c) Situaciones en las que la administración oral/enteral, es insuficiente.
d) Como complemento a la nutrición oral/enteral.

32. Respecto a las características de la vía periférica como forma de acceso en NP, señala la respuesta incorrecta:

a) Por vía periférica, se usan las venas de las extremidades.
b) Si la osmolaridad de la mezcla es superior a los 800 mOsm/l se recurre a la infusión por vía periférica.

c) La vía periférica se caracteriza por un acceso más asequible y fácil de conseguir que la vía central.

d) Los cuidados del catéter deben hacerse siguiendo normas estrictas de asepsia.

33. Respecto a las características especiales del aporte de nutrientes por vía parenteral, señala la respuesta incorrecta:

a) Utilizable en pacientes con alteración de los mecanismos de regulación del medio interno.

b) No existe proceso digestivo, ni filtro hepático.

c) Aun siendo la única vía utilizable, no necesita aportar todos los nutrientes esenciales.

d) Deben evitarse desequilibrios en la administración.

34. Un paciente con pancreatitis aguda grave necesita NP debido a:

a) Necesidades nutricionales aumentadas.

b) Necesidad de reposo del tubo digestivo.

c) Incapacidad de utilizar el tubo digestivo.

d) Todas las respuestas son correctas.

35. Respecto a las características de la nutrición parenteral central, señala la respuesta correcta:

a) La osmolaridad de la solución no debe superar los 800 mOsmm/L.

b) El aporte calórico de este tipo de nutrición oscila entre 900 y 1500 Kcal.

c) El pH de la solución debe estar comprendido entre 6 y 7,4.

d) Este tipo de nutrición incluye siempre una solución de glucosa, lípidos y aminoácidos.

36. Respecto a las contraindicaciones de la nutrición parenteral periférica, señala la respuesta incorrecta:

a) Tromboflebitis.

b) Insuficiencia hepática.

c) Imposibilidad para abordar vías periféricas.

d) Inadecuación del aporte de electrolitos de las fórmulas con respecto a la situación clínica del paciente.

37. En la nutrición parenteral central, el acceso venoso puede efectuarse a través de:

a) Subclavia.

b) Femoral.

c) Aorta.

d) Las respuestas a) y b) son correctas.

38. Considerando las alteraciones de la glucemia que se producen como una de las complicaciones asociadas a la nutrición parenteral central, señala la respuesta incorrecta:

a) La hipoglucemia es una complicación muy frecuente en los enfermos con nutrición parenteral total.

b) La hiperglucemia con glucosuria provoca pérdida de agua y sodio, lo que lleva al paciente a una deshidratación hipertónica.

c) La hiperglucemia puede ser signo precoz de infecciones ligadas al catéter.

d) La hipoglucemia suele aparecer cuando se interrumpe la nutrición parenteral total.

39. De las características que definen la nutrición parenteral, señala la respuesta incorrecta:

a) Es una provisión de nutrientes realizada mediante infusión.

b) La infusión se efectúa a una vía arterial.

c) Se emplean catéteres específicos.

d) Se pretende cubrir los requerimientos metabólicos y del crecimiento.

40. La nutrición parenteral central más utilizada es la:

a) Cíclica.

b) Continua.

c) Discontinua.

d) Ninguna de las respuestas es correcta.

41. En el contexto de la nutrición parenteral periférica, señala la respuesta incorrecta respecto a la nutrición hipocalórica:

a) No puede utilizarse durante más de 5 días.

b) Contiene proteínas, hidratos de carbono y minerales.

c) Sus indicaciones son muy amplias y variadas.

d) No contiene grasas.

42. En un individuo enfermo, el reparto calórico es el siguiente:

a) 55 % hidratos de carbono.

b) 13 - 15 % proteínas.

c) 30 - 35 % lípidos.

d) Ninguna de las respuestas es correcta.

43. Respecto a la utilización de glicerol en las fórmulas de nutrición parenteral, señala la respuesta incorrecta:

a) Tiene la ventaja de provocar una mínima respuesta insulínica.

b) Existen preparados de nutrición parenteral periférica hipocalórica, que contienen glicerol como única fuente de energía.

c) El glicerol es un derivado de la hidrólisis de las proteínas.

d) No debe sobrepasar la dosis de 0,74 g/kg/hora para evitar los efectos secundarios.

44. Los materiales que se seleccionan para preparar la nutrición parenteral, no incluyen:

a) Jeringas y agujas.

b) Equipos de transferencia.

c) Equipo de infusión.

d) Contenedor para recoger los materiales de desecho.

45. Los factores que condicionan la multiplicación bacteriana en las fórmulas para nutrición parenteral, incluyen:

a) pH del preparado.

b) Normalidad.

c) Osmolalidad.

d) Ninguna de las respuestas es correcta.

46. Respecto a la coalescencia, señala la respuesta incorrecta:

a) Su presencia en el preparado, puede generar una embolia pulmonar.

b) Tiene lugar cuando se produce agregación de partículas lipídicas de entre 5 y 50 mm.

c) Los ácidos grasos de cadena media favorecen la desestabilización de la fórmula.

d) Es un proceso irreversible caracterizado por la presencia de gotas de grasa amarillentas.

47. Las bolsas multicapa para la nutrición parenteral tienen las siguientes características:

a) Están formadas por dos capas.

b) La capa externa es de un polímero impermeable al oxígeno, al vapor de agua y fotoprotectora.

c) La fotoprotección total se consigue con bolsas que retienen las radiaciones ultravioletas.

d) Las respuestas b) y c) son correctas.

48. Las etiquetas de NP contienen la siguiente información:

a) Contenido de cada uno de los aditivos.

b) Identificación del paciente.

c) Identificación de la composición.

d) Todas las respuestas son correctas.

49. Considerando el orden de adición de los componentes a través del elastómero A, indica cuál de los siguientes componentes no se ha adicionado en el orden correcto:

a) Fosfato.
b) Glucosa.
c) Lípidos.
d) Oligoelementos.

50. Podemos definir la nutrición enteral como:

a) La administración de fórmulas enterales por vía digestiva.
b) La administración de nutrientes por vía parenteral.
c) La administración de nutrientes a un paciente con problemas nutricionales.
d) La administración de suero por medio de una sonda nasogástrica.

51. La nutrición enteral por sonda nos sirve para mantener niveles adecuados de nutrición en pacientes que no pueden realizar una nutrición normal; está indicada en pacientes que:

a) Presentan alteraciones dentales importantes.
b) Presentan malformaciones en el colon.
c) Presentan alteraciones mentales.
d) Presentan alteraciones gastrointestinales importantes.

52. Una de las formas que tenemos para la administración de la nutrición enteral es la administración mediante sonda nasogástrica, para colocar la SNG deberemos poner al paciente en la posición:

a) Fowler.
b) Prono.
c) Supino.
d) Mahometano.

53. Existen muchos tipos de SNG; estas son utilizadas para la administración de nutrición enteral, aunque también tienen otros usos. Si queremos realizar una descompresión abdominal, normalmente usaremos una sonda de:

a) Levin.
b) Salem.
c) Foucher.
d) Miller - Abbott.

Solución al test n.º 23

1. d) Todas son correctas.

2. a) Los pacientes que no consumen > 60 % de sus requerimientos.

3. a) Nutrición parenteral.

4. a) Está indicada para prevenir o corregir los efectos adversos de la desnutrición en pacientes que no son capaces de obtener aportes suficientes por vía oral o enteral.

5. b) Se utiliza en pacientes con alteración de los mecanismos de regulación del medio interno.

6. a) Pancreatitis aguda grave.

7. d) Todas son correctas.

8. a) Una vía central (subclavia).

9. b) Cuando se prevé que la duración de la nutrición a través de vía parenteral sea superior a dos meses.

10. a) Vía periférica.

11. d) Todas son correctas.

12. d) Todas son correctas.

13. b) Oligoelementos en función de la patología del paciente.

14. a) Entre 900 y 1500 kcal. Ap 2.2.2

15. d) Todas las respuestas anteriores son correctas.

16. d) Las respuestas a) y b) son correctas.

17. b) El 60 - 75 % del gasto energético diario total.

18. c) Metabolismo Basal.

19. b) Es un polialcohol que se transforma en fructosa a nivel hepático.

20. c) 2000- 3000 ml de agua.

21. c) Nutrición enteral.

22. d) El tiempo estimado de duración de la nutrición enteral no debe influir en la vía de acceso en una nutrición enteral.

23. a) La nutrición parenteral (NP) consiste en la provisión de nutrientes mediante su infusión a una vía venosa a través de catéteres específicos, para cubrir los requerimientos metabólicos y del crecimiento.

24. c) Las NP pueden mantenerse entre 24h - 36h a temperatura ambiente durante su administración.

25. d) Staphilococcus.

26. b) El magnesio forma complejos más solubles y estables con el calcio.

27. a) La normalidad.

28. c) Sodio > 60 mEq/día.

29. d) Lisina.

30. d) Todas las respuestas son correctas.

31. b) Como complemento a la nutrición parenteral total.

32. b) Si la osmolaridad de la mezcla es superior a los 800 mOsm/l se recurre a la infusión por vía periférica.

33. c) Aun siendo la única vía utilizable, no necesita aportar todos los nutrientes esenciales.

34. b) Necesidad de reposo del tubo digestivo.

35. d) Este tipo de nutrición incluye siempre una solución de glucosa, lípidos y aminoácidos.

36. b) Insuficiencia hepática.

37. d) Las respuestas a) y b) son correctas.

38. a) La hipoglucemia es una complicación muy frecuente en los enfermos con nutrición parenteral total.

39. b) La infusión se efectúa a una vía arterial.

40. b) Continua.

41. c) Sus indicaciones son muy amplias y variadas.

42. d) Ninguna de las respuestas es correcta.

43. c) El glicerol es un derivado de la hidrólisis de las proteínas.

44. d) Contenedor para recoger los materiales de desecho.

45. a) pH del preparado.

46. c) Los ácidos grasos de cadena media favorecen la desestabilización de la fórmula.

47. d) Las respuestas b) y c) son correctas.

48. d) Todas las respuestas son correctas.

49. c) Lípidos.

50. b) La administración de nutrientes por vía parenteral.

51. c) Presentan alteraciones mentales.

52. a) Fowler.

53. d) Miller – Abbott.

Citotóxicos. Quimioterapia: definición y características. Cuidados en el manejo, transporte y manipulación. Características de la zona de preparación de citostáticos. Equipo de protección personal. Manipulación de citostáticos orales. Gestión de residuos citotóxicos

1. En todos los cánceres:

a) Las células se dividen y crecen sin control.

b) Las células tumorales portan mutaciones que no son reparadas y dan lugar a una estirpe de células "alteradas".

c) En todo proceso carcinogénico hay un agente iniciador que ocasiona el daño inicial en el ADN y la iniciación del proceso; un segundo paso de promoción inducido por un agente promotor (este agente puede ser congénito o adquirido) aprovecha la ventaja proliferativa otorgada en el primer paso y estimula las células a dividirse; por último, durante la progresión la célula adquiere nuevas mutaciones o cambios epigenéticos que le confieren propiedades invasivas y de metástasis.

d) Todas son correctas.

2. Los carcinoma derivan de:

a) Células epiteliales.
b) Células conjuntivales.
c) Células de la médula ósea.
d) Células del timo.

3. Los tumores se clasifican de diversas formas, así se clasifican según la célula que los originó en:

a) Adeno – proviene de grasa.
b) Hemangio- proviene de vaso sanguíneo.
c) Mio – proviene de hueso.
d) Todas son correctas.

4. Sobre la displasia se puede decir que se caracteriza por:

a) Proliferación celular excesiva sin pérdida de organización.
b) Suele ser reversible, pero puede sufrir una transformación carcinogénica.
c) Es una transformación citológica de un epitelio maduro en otro, que puede tener un parentesco próximo o remoto
d) Suele ser respuesta adaptativa fisiológica frente al estrés celular y es reversible una vez cesa el estímulo agresor.

5. Los criterios para considerar una neoplasia como maligna no incluyen:

a) Afectación linfática.
b) Hipocromasia.
c) Nucléolo prominente.
d) Desmoplasia.

6. Señala la respuesta incorrecta:

a) Metaplasia: transformación citológica de un epitelio maduro en otro.
b) Hiperplasia: proliferación excesiva con pérdida de la organización normal de los tejidos y de la arquitectura celular.
c) Anaplasia: escasa diferenciación de las células que componen un tumor.
d) Neoplasia: proliferación descontrolada de células de un tejido u órgano que desemboca en la formación de una masa diferenciada denominada neoplasma.

7. Los citotóxicos poseen potencial:

a) Teratogénico.
b) Mutagénico.
c) Carcinogénico.
d) Todas son correctas.

8. Los citostáticos se clasifican según su mecanismo de acción y estructura en:

a) Antimetabolitos.
b) Productos de origen natural.
c) Agentes alquilantes.
d) Todas son ciertas.

9. Los antagonistas de pirimidinas son agentes citostáticos que pertenecen al grupo de los:

a) Agentes alquilantes.
b) Antimetabolitos.
c) Productos de origen natural.
d) Complejos de platino.

10. En referencia al metotrexato, indica lo incorrecto:

a) Es un antagonista de ácido fólico.
b) Se clasifica dentro de los antimetabolitos.
c) El trimetrexato no pertenece a su grupo.
d) Se utiliza en el cáncer de mama.

11. Las mostazas nitrogenadas son agentes citostáticos que pertenecen al grupo de los:

a) Agentes alquilante.
b) Antimetabolitos.
c) Complejos de platino.
d) Antibióticos citostáticos.

12. ¿Cuál es la utilidad clínica de los agentes alquilantes?

a) Cáncer de mama, cabeza, cuello, osteosarcoma, leucemias, linfomas, colorrectal, pulmón no microcítico, mesotelioma, páncreas, vejiga, ovario y más.
b) Tratamiento de leucemias crónicas, cáncer de pulmón, linfomas de Hodgkin y no Hodgkin, mieloma múltiple y cáncer de ovario.
c) Se usan sobre todo en el tratamiento de cáncer de pulmón, cáncer de vejiga, tumores germinales, cáncer de ovario, cáncer de cabeza y cuello, cáncer de esófago y cáncer de estómago y cérvix, entre otros.
d) Todas son correctas.

13. Respecto a los antimetabolitos:

a) Actúan a 3 niveles: añade grupos alquilo, forma puentes o enlaces covalentes e introducen nucleótidos produciendo mutaciones.
b) Forman enlaces covalentes con la guanina y la adenina del ADN.
c) Actúan durante múltiples fases del ciclo celular.
d) Inhiben la acción de las enzimas relacionadas con la síntesis de purinas y pirimidinas.

14. Los productos de origen natural alcaloide o inhibidores de microtúbulos:

a) Los taxanos son inhibidores de la polimerización.
b) Los taxanos (paclitaxel) impiden la despolimerización.
c) Los alcaloides de la vinca inhiben la despolimerización.
d) La estramustina inhibe la despolimerización.

15. ¿Qué tratamiento hormonal se puede utilizar?

a) Tratamiento adyuvante.
b) Tratamiento neoadyuvante.

c) Tratamiento quimioprofiláctico.

d) Todas son ciertas.

16. La quimioterapia que combina la radioterapia de efecto local y la quimioterapia de efecto sistémico se conoce como:

a) Quimioterapia concomitante.

b) Quimioterapia paliativa.

c) Quimioterapia adyuvante.

d) Quimioterapia neoadyuvante.

17. Dentro de los agentes alquilantes, la mecloretamina se incluye en el grupo de:

a) Triazenos.

b) Nitrosoureas.

c) Mostazas nitrogenadas.

d) Alquilsulfonatos.

18. Entre las ventajas de los citostáticos orales no se incluyen:

a) Reducción de costes para el sistema sanitario.

b) Comodidad de administración.

c) Posibles casos de incomprensión del tratamiento.

d) Menos trastornos en la vida del paciente.

19. Los alcaloides de la vinca:

a) Son agentes que se unen al microtúbulo e interfieren en la formación del huso alterando la división celular.

b) Son ejemplos de este grupo la vincristina, vinblastina,vinorelbina, estramustina.

c) Son vegetales.

d) Todas son correctas.

20. Indica cuál de las siguientes condiciones morfológicas diferentes se corresponde habitualmente con un tumor maligno:

a) Metaplasia.

b) Neoplasia.

c) Hiperplasia.

d) Anaplasia.

21. Indica cuál de los siguientes compuestos citotóxicos se consideran específicos del ciclo celular:

a) Antibióticos antitumorales.

b) Tratamiento hormonal.

c) Antimetabolitos.
d) Hidroxiurea.

22. La terapia o tratamiento hormonal está indicada en:

a) Cáncer de vejiga.
b) Cáncer de próstata.
c) Cánceres neuroendocrinos.
d) Las respuestas b) y c) son correctas.

23. En el proceso carcinogénico, la fase en la que la célula adquiere nuevas mutaciones o cambios epigenéticos que le confieren propiedades invasivas y metastatizantes se denomina:

a) Progresión.
b) Promoción.
c) Angiogénesis.
d) Promoción.

24. El citotóxico tenipósido se corresponde con:

a) Supresor adrenocortical.
b) Antraciclina.
c) Taxoide.
d) Alcaloide de podófilo.

25. Indica cuál es el mecanismo de acción de los agentes alquilantes:

a) Inducción de nucleótidos que llevan mutaciones.
b) Añadiendo grupos alquilo a las bases nitrogenadas del ADN.
c) Formación de puentes o enlaces covalentes cruzados entre bases nitrogenadas.
d) Todas las respuestas son correctas.

26. La quimioterapia utilizada para alargar la esperanza de vida y reducir los síntomas se denomina:

a) Quimiorradioterapia.
b) Quimioterapia adyuvante.
c) Quimioterapia paliativa.
d) Ninguna de las respuestas es correcta.

27. Señala la respuesta incorrecta:

a) La quimioterapia concomitante es la que se combina con la radioterapia de efecto local y la quimioterapia de efecto sistémico.
b) La quimioterapia neoadyuvante se puede utilizar simultáneamente con la radioterapia.

c) La quimioterapia adyuvante es la que se da después de un tratamiento local del tumor primario.

d) La quimioterapia paliativa no cura la enfermedad, sirve para alargar la esperanza de vida.

28. Las normas generales de trabajo para la manipulación de medicamentos citostáticos son, entre otras:

a) Si el citostático se administra en jeringa, quitar la aguja y el tapón hermético para su dispensación.

b) En la cabina de flujo laminar vertical se dispondrá de un recipiente apropiado para eliminar excesos de solución y para desechar excesos de material contaminado.

c) Antes de abrir las ampollas se debe garantizar que quede líquido en su extremo superior.

d) Cuando se manipulen viales se debe intentar igualar la presión mediante un filtro hidrofóbico.

29. Si el citostático se presenta en vial, ¿qué normas debemos seguir?

a) Desinfectar el tapón con alcohol de 70º dejando evaporar y se introduce la aguja.

b) Para la reconstitución de viales liofilizados, el diluyente será introducido lentamente haciéndolo resbalar por la pared vial.

c) Se evitará la sobrepresión en el interior del vial para prevenir la formación de aerosoles utilizando para ello filtros de venteo provistos de membrana hidrófila con poros de 0,22 micras, o aplicando la técnica de la presión negativa.

d) Todas son correctas.

30. Señala la respuesta incorrecta en función de la presentación del citostático:

a) Si el citostático se presenta en vial introducir la aguja formando un ángulo de 15º con la superficie del tapón, manteniendo el bisel hacia abajo.

b) Si el citostático se presenta en ampolla, abrir la ampolla en dirección contraria al manipulador.

c) Si se trata de citostáticos orales se tiene la ventaja de la reducción de costes para el sistema sanitario.

d) Si se trata de citostáticos orales se tiene la desventaja de cometer errores más frecuentes en dosificaciones.

31. Señala la respuesta incorrecta:

a) Las mostazas nitrogenadas pertenecen al grupo de los agentes alquilantes.

b) Los antimetabolitos estimulan la acción de las enzimas relacionadas con la síntesis de purinas y pirimidinas.

c) El efecto citostático de los complejos de platino o derivados es independiente de la fase celular.

d) Los antimetabolitos antitumorales son tratamientos producidos con productos naturales.

32. En relación con la quimioterapia, señala la respuesta correcta:

a) La quimioterapia adyuvante es la que se aplica como primera medida frente al cáncer.

b) La quimioterapia neoadyuvante se da después de un tratamiento local del tumor primario por cirugía.

c) La quimiorradioterapia es la combinación de la radioterapia de efecto local y la quimioterapia de efecto sistémico.

d) La quimioterapia paliativa es un tratamiento secundario para curar la enfermedad.

33. ¿Qué Norma Técnica de Prevención (NTP) es de aplicación a la exposición laboral a citostáticos en el ámbito sanitario?

a) NTP 485.

b) NTP 591.

c) NTP 258.

d) NTP 740.

34. Cuando se preparan formas farmacéuticas que contengan citostáticos se recomienda seguir las siguientes normas:

a) Evitar aerosolización de polvo o líquido durante la preparación.

b) Se aconseja emplear máquinas para su utilización.

c) Cuando sea necesaria la extracción de las formas orales de los blísteres comerciales o la trituración de polvo que contengan citostáticos se realizará introduciéndose previamente en una bolsa de plástico.

d) Las respuestas a) y c) son ciertas.

35. Respecto a las normas generales de trabajo para la manipulación de medicamentos citostáticos, señala la respuesta incorrecta:

a) Antes de abrir la ampolla, garantizar que no quede líquido en su extremo superior.

b) Si el citostático se administra en jeringa, quitar la aguja y colocar un tapón hermético para su dispensación.

c) Lavarse las manos únicamente después de quitarse los guantes.

d) Se utilizarán jeringas y equipos IV con conexión Luer-Lock.

36. En relación con los alcaloides de la vinca, indique cuál de los siguientes compuestos, es un compuesto de síntesis:

a) Estramustina.

b) Vincristina.

c) Vinblastina.

d) Ninguna de las repuestas es correcta.

37. Según su mecanismo de acción y estructura química el citostático Floxuridina quedaría encuadrado dentro de los:

a) Antimetabolitos.
b) Agentes alquilinantes.
c) Complejos de platino.
d) Productos de origen natural.

38. Entre las características comunes a todos los sistemas cerrados de transferencia de fármacos no se encuentra:

a) Prevención de exposición al fármaco.
b) Aumento de la contaminación de la superficie.
c) Disminución de los restos de fármacos.
d) Protección microbiológica del contenido.

39. El proceso que permite a las células cancerosas diseminarse y conseguir nutrientes desarrollando para ello un sistema de vasos sanguíneos se denomina:

a) Iniciación.
b) Apoptosis.
c) Angiogénesis.
d) Promoción.

40. La quimioterapia que se aplica como primera media frente al cancer o como tratamiento primario es la:

a) Quimioterapia concomitante.
b) Quimioterapia paliativa.
c) Quimioterapia adyuvante.
d) Quimioterapia neoadyuvante.

41. Cuando la célula que originó el tumor fue un cartílago estaremos hablando de un tumor de tipo:

a) Adeno.
b) Eritro.
c) Lipo.
d) Condro.

42. ¿Cuál no es una característica del sistema cerrado de transferencia de fármacos citostáticos TEXIUM®?

a) Aumento de la aerosolización.
b) Tecnología de microaspiración.

c) Disminución del goteo.

d) Reducción de la contaminación superficial.

43. ¿Cuál de estas recomendaciones en el reenvasado de un citostático oral es incorrecta?

a) Usar guantes de látex con talco, bata y mascarilla.

b) Evitar aerosolización de polvo o líquido.

c) Si la presentación es en forma de suspensión, se administrará utilizando un vaso o una jeringa.

d) Las materias primas deben ir siempre etiquetadas con el término "citostático".

Solución al test n.º 24

1. a) Todas son correctas.

2. b) Células epiteliales.

3. a) Hemangio- proviene de vaso sanguíneo.

4. b) Suele ser reversible, pero puede sufrir una transformación carcinogénica.

5. b) Hipocromasia.

6. b) Hiperplasia: proliferación excesiva con pérdida de la organización normal de los tejidos y de la arquitectura celular.

7. d) Todas son correctas.

8. d) Todas son ciertas.

9. b) Antimetabolitos.

10. c) El trimetrexato no pertenece a su grupo.

11. a) Agentes alquilante.

12. b) Tratamiento de leucemias crónicas, cáncer de pulmón, linfomas de Hodgkin y no Hodgkin, mieloma múltiple y cáncer de ovario.

13. d) Inhiben la acción de las enzimas relacionadas con la síntesis de purinas y pirimidinas.

14. b) Los taxanos (paclitaxel) impiden la despolimerización.

15. d) Todas son ciertas.

16. a) Quimioterapia concomitante.

17. c) Mostazas nitrogenadas.

18. c) Posibles casos de incomprensión del tratamiento.

19. d) Todas son correctas.

20. d) Anaplasia.

21. a) Antibióticos antitumorales.

22. d) Las respuestas b) y c) son correctas.

23. a) Progresión.

24. d) Alcaloide de podófilo.

25. d) Todas las respuestas son correctas.

26. c) Quimioterapia paliativa.

27. b) La quimioterapia neoadyuvante se puede utilizar simultáneamente con la radioterapia.

28. d) Cuando se manipulen viales se debe intentar igualar la presión mediante un filtro hidrofóbico.

29. d) Todas son correctas.

30. a) Presenta en vial introducir la aguja formando un ángulo de 15º con la superficie del tapón, manteniendo el bisel hacia abajo.

31. b) Los antimetabolitos estimulan la acción de las enzimas relacionadas con la síntesis de purinas y pirimidinas.

32. c) La quimiorradioterapia es la combinación de la radioterapia de efecto local y la quimioterapia de efecto sistémico.

33. d) NTP 740.

34. d) Las respuestas a) y c) son ciertas.

35. c) Lavarse las manos únicamente después de quitarse los guantes.

36. a) Estramustina.

37. a) Antimetabolitos.

38. b) Aumento de la contaminación de la superficie.

39. c) Angiogénesis.

40. d) Quimioterapia neoadyuvante.

41. d) Condro.

42. a) Aumento de la aerosolización.

43. a) Usar guantes de látex con talco, bata y mascarilla.

TEST N.º 25

Actuación ante exposiciones a citotóxicos. Derrames y roturas accidentales. Extravasaciones, actuaciones generales

1. Protocolo ante contaminación en personas (señala la respuesta incorrecta):

a) Solo se aplicará el antídoto específico si se produce punción.
b) Si entra en contacto con la piel lavar la zona con agua y jabón durante diez minutos.
c) Si hay salpicadura en los ojos enjuagar con agua o suero fisiológico durante un mínimo de 5 minutos.
d) Si la contaminación se produce en el equipo de protección y no llega a estar en contacto con la persona retirar el equipo y lavar las manos.

2. Señala la respuesta adecuada:

a) La norma de actuación en el caso de exposición a carmusitina es lavar con agua.
b) La norma de actuación en el caso de exposición a dactinomicina es lavar con agua.
c) La norma de actuación en el caso de exposición a melfalan es lavar con agua, agua y jabón o solución de bicarbonato sódico.
d) La norma de actuación en el caso de exposición a asparaginasa es lavar con agua y jabón.

3. Las normas generales ante una exposición a citostáticos son:

a) Si se contamina solo el equipo de protección se deberán reemplazar los guantes y las prendas contaminadas, lavar las manos y sustituirlos inmediatamente.
b) Si se produce punción o lesión de piel habrá que hacer sangrar la zona afectada.
c) Si hay contacto con la piel intacta, lavar inmediatamente la zona afectada con agua y jabón durante 10 minutos.
d) Todas las anteriores son ciertas.

4. Ante la exposición al citostático Etopósido:

a) Lavar con agua.
b) Lavar con bicarbonato sódico.
c) Lavar con agua y jabón.
d) Lavar con agua, agua y jabón o solución de bicarbonato sódico.

5. Señala la respuesta correcta sobre el equipo de protección frente a derrames y roturas accidentales de medicamentos citostáticos:

a) El equipo de derrames estará ubicado dentro de armarios junto al botiquín de primeros auxilios.

b) La bolsa para residuos de citostáticos no debe ser menor de 10 micras.

c) Entre el equipo de protección deben figurar gafas de seguridad, gafas de seguridad, 2 pares de guantes quirúrgicos de látex y bata desechable de baja permeabilidad.

d) La respuesta b) y la c) son correctas.

6. Si se produce un derrame en el interior de una cabina de flujo laminar:

a) Apagar el flujo de aire vertical.

b) Si el derrame es de un citostático en polvo o cristales, para evitar la formación de polvo, cubrir perfectamente con gasas secas o papel.

c) En casos de derrames pequeños lavar la superficie con alcohol de 70º.

d) Ante un derrame siempre se deberá neutralizar químicamente.

7. Señala la respuesta incorrecta. Los citostáticos se pueden clasificar en función de su capacidad agresiva tisular en:

a) Vesicante.

b) No agresivo.

c) Irritante.

d) No irritante.

8. Los citostáticos:

a) Los citostáticos irritantes no causan problemas cuando se extravasan.

b) Los citostáticos irritantes no causan dolor o irritación local.

c) Los citostáticos irritantes están frecuentemente asociados a necrosis una vez extravasados.

d) Los citostáticos irritantes causan dolor e irritación local.

9. El citostático metotrexato se clasifica, en función de su capacidad agresiva tisular como:

a) No agresivo.

b) Irritante.

c) No irritante.

d) Vesicante.

10. El citostático Docetaxel se clasifica, en función de su capacidad agresiva tisular como:

a) No agresivo.

b) Irritante.

c) No irritante.
d) Vesicante.

11. La extravasación:

a) Se debe sospechar una posible extravasación cuando desaparece el retorno venoso de sangre, disminuye el flujo de la perfusión, ante la presencia de hinchazón.
b) Antes de iniciar la infusión debe comprobarse la ausencia de retorno venoso con solución salina al 0,9 %.
c) Se ha de lavar la vena solo antes de la administración de cada dosis.
d) Se recomienda la administración de citostáticos irritantes o vesicantes mediante bombas de infusión por vía periférica.

12. Señala la incorrecta. Para prevenir la extravasación:

a) Es conveniente observar frecuentemente la vía durante la infusión del citostático y valorar el cambio de vía a la mínima sospecha de extravasación.
b) Antes de iniciar la infusión debe comprobarse la presencia de retorno venoso con solución salina al 0,9 % o SG5 %. Durante la administración es recomendable efectuar comprobaciones.
c) Se usa preferentemente un catéter venoso central o un sistema tipo reservorio implantable (tipo-A-Cath).
d) Se pueden utilizar catéteres periféricos de diámetro grande.

13. Señala la respuesta incorrecta. Para prevenir la extravasación:

a) La administración se realiza por personal especializado.
b) Se ha de lavar la vena solo antes de la administración de cada dosis de citostático con 20-100 ml de solución salina o glucosada.
c) Se aconseja que el paciente evite movimientos bruscos de la extremidad canulada.
d) Extremar las precauciones con presión venosa elevada.

14. Señala la respuesta incorrecta:

a) Ante la sospecha de extravasación en la administración de un fármaco citostático. Para la infusión del fármaco citostático, la dosis restante se administrará por otra vía y, preferentemente, en otra extremidad.
b) Antes de extraer la vía, inyecte el antídoto adecuado en los casos en los que corresponda.
c) Se avisará al médico responsable del paciente, o en su ausencia, al médico de guardia. También se contactará con el farmacéutico, médico o enfermera responsable del protocolo de extravasación.
d) La aspiración del tejido subcutáneo es un procedimiento no doloroso y efectivo.

15. En el caso de una lesión de piel la actuación ante una exposición a citotóxico no contempla:

a) Lavar la zona afectada con solución desinfectante durante 15 minutos.
b) Lavar la zona afectada con agua durante 15 minutos.
c) Acudir al especialista.
d) hacer sangrar la zona afectada.

16. El equipo protector frente a un derrame o rotura accidental de citostático incluye:

a) Solo un par de guantes quirúrgicos de látex.
b) Una bata reutilizable.
c) Bolsa para residuos citostáticos de al menos 50 micras de espesor.
d) Mascarilla de protección respiratoria.

17. Es la salida de líquido intravenoso hacia el espacio perivascular:

a) Intravasación.
b) Extravasación.
c) Derrame intravenoso.
d) Antirretorno venal.

18. Es un signo de la extravasación:

a) Hematoma.
b) Falta de retorno venoso a la aspiración.
c) Inflamación.
d) Eritema.

19. Es un síntoma local de la extravasación:

a) Falta de retorno venoso a la aspiración.
b) Picor.
c) Dolor.
d) Las opciones b) y c) son correctas.

20. No es un tipo de citostático en función de su capacidad agresiva tisular:

a) Vesicante.
b) Irritante.
c) Urtlcante.
d) No agresivo.

Solución al test n.º 25

1. a) Solo se aplicará el antídoto específico si se produce punción.

2. b) La norma de actuación en el caso de exposición a dactinomicina es lavar con agua.

3. d) Todas las anteriores son ciertas.

4. c) Lavar con agua y jabón.

5. c) Entre el equipo de protección deben figurar gafas de seguridad, gafas de seguridad, 2 pares de guantes quirúrgicos de látex y bata desechable de baja permeabilidad.

6. c) En casos de derrames pequeños lavar la superficie con alcohol de 70º.

7. d) No irritante.

8. d) Los citostáticos irritantes causan dolor e irritación local.

9. a) No agresivo.

10. b) Irritante.

11. a) Se debe sospechar una posible extravasación cuando desaparece el retorno venoso de sangre, disminuye el flujo de la perfusión, ante la presencia de hinchazón.

12. d) Se pueden utilizar catéteres periféricos de diámetro grande.

13. b) Se ha de lavar la vena sólo antes de la administración de cada dosis de citostático con 20-100 ml de solución salina o glucosada.

14. d) La aspiración del tejido subcutáneo es un procedimiento no doloroso y efectivo.

15. b) Lavar la zona afectada con agua durante 15 minutos.

16. d) Mascarilla de protección respiratoria.

17. b) Extravasación.

18. b) Falta de retorno venoso a la aspiración.

19. d) Las opciones b) y c) son correctas.

20. c) Urticante.

TEST N.º 26

Dispensación de medicamentos. La prescripción: tipos de prescripción, requisitos de la prescripción. Medicación en dosis unitaria: descripción, ventajas, sistemas de automatización en la preparación de dosis unitarias. Sistemas automáticos de dispensación. Dispensación de estupefacientes. Medicamentos de uso restringido. Errores en la dispensación. Seguridad en la dispensación

1. Señala la respuesta incorrecta. Los sistemas a través de los cuales un medicamento llega a manos del profesional de enfermería para ser administrado, más conocidos e implantados actualmente en el sistema nacional de salud son los siguientes:

a) Sistema de dispensación por *stock* en unidad de enfermería.
b) Sistema de dispensación por distribución desde una oficina de farmacia.
c) Sistema de dispensación por reposición y paciente.
d) Sistema de dispensación de medicamentos en dosis unitaria (SDMDU).

2. El sistema de dispensación de medicamentos que mejor ofrece la oportunidad para efectuar un adecuado seguimiento a la terapia medicamentosa del paciente, siendo el más seguro para el paciente, el más eficiente desde el punto de vista económico, y el método que más efectivamente utiliza los recursos, es:

a) Sistema de dispensación por *stock* en unidad de enfermería.
b) Sistema de dispensación por distribución desde una oficina de farmacia.
c) Sistema de dispensación por reposición y paciente.
d) Sistema de dispensación de medicamentos en dosis unitaria (SDMDU).

3. Cuando se solicita un medicamento, en el documento del perfil farmacéutico debe constar el siguiente dato del medicamento prescrito:

a) Número de historia clínica.
b) Número de cama y nombre del servicio.
c) Fecha de inicio del tratamiento.
d) Diagnóstico.

4. Señala la respuesta incorrecta. El sistema de distribución centralizado se basa en que todo el proceso se realiza en un mismo lugar, la farmacia central, y consta de varias fases:

a) Preparación de la dosis.
b) Envasado de la dosis.
c) La interpretación de la orden médica.
d) La elaboración y mantenimiento de perfiles farmacoterapéuticos.

5. El farmacéutico elabora el perfil farmacoterapéutico, pudiendo delegar la preparación de tal perfil. Sin embargo, en ningún caso debe delegar:

a) La interpretación de la información en él contenida.
b) El envasado de la dosis.
c) La retirada del servicio clínico de las órdenes médicas.
d) La recepción de la orden médica.

6. Los medicamentos se someterán a prescripción médica restringida cuando:

a) Contengan, en dosis no exentas, una sustancia clasificada como estupefaciente o psicótropo de acuerdo con los convenios internacionales sobre la materia.
b) Puedan ser objeto, en caso de utilización anormal, de riesgo considerable de abuso medicamentoso, y puedan provocar toxicodependencia o ser desviados para usos ilegales.
c) Contengan alguna sustancia que, por su novedad o propiedades, se considere necesaria su inclusión en este grupo como medida de precaución.
d) Estén destinados a pacientes ambulatorios, pero cuya utilización pueda producir reacciones adversas muy graves, lo que requerirá, en su caso, prescripción por determinados médicos especialistas y una vigilancia especial durante el tratamiento (Medicamentos de Especial Control Médico).

7. De los siguientes profesionales, indica cuál de ellos no está facultado para el uso de la receta médica:

a) Médicos.
b) Odontólogos.
c) Psicólogos.
d) Podólogos.

8. A diferencia de las recetas médicas públicas, en las recetas médicas de asistencia sanitaria privada deben consignarse los siguientes datos del paciente:

a) Nombre y apellidos.
b) Fecha de nacimiento.
c) Número de tarjeta sanitaria del Servicio de Salud.
d) DNI (en casos de menores de edad, el de uno de sus padres o representante legal).

9. En las recetas oficiales, el código de identificación de aquellos usuarios con aportación de un 50 % será:

a) TSI 003.
b) TSI 004.
c) TSI 005.
d) TSI 006.

10. De los siguientes medicamentos, ¿cuál podrá prescribirse más de uno y/o un único envase por receta en soporte papel?

a) Presentaciones en unidosis y por vía parenteral del grupo terapéutico «J01 Antibacterianos para uso sistémico».
b) Fórmulas magistrales.
c) Fórmulas oficinales.
d) Productos sanitarios financiados por el Sistema Nacional de Salud.

11. Para las vacunas individualizadas antialérgicas y vacunas individualizadas bacterianas, el plazo de validez de estas recetas será de:

a) Diez días.
b) Inferior a diez días.
c) Máximo noventa días naturales.
d) Diez días desde el visado.

12. Los tratamientos prescritos al paciente en receta médica electrónica podrán ser dispensados:

a) En cualquier oficina de farmacia del territorio nacional o en botiquines dependientes de las mismas, así como en los servicios de farmacia de los centros de salud y de las estructuras de atención primaria.
b) Aunque el paciente no presente la tarjeta sanitaria individual.
c) Sin vigilancia expresa del médico sobre el tratamiento.
d) Durante el período de una semana de duración máxima de tratamiento.

13. ¿Qué norma aprueba el texto refundido de la Ley de garantías y uso racional de los medicamentos y productos sanitarios?

a) Real Decreto 1675/2012, de 14 de diciembre.
b) Real Decreto Legislativo 1/2015, de 24 de julio.
c) Real Decreto 686/2013, de 16 de septiembre.
d) Real Decreto 1718/2010, de 17 de diciembre.

14. Para que un medicamento envasado sea considerado como dosis unitaria debe cumplir el siguiente requisito entre otros:

a) Que tenga larga fecha de expiración.
b) Que esté disponible para su administración directa sin necesidad de ninguna manipulación.

c) Que no pertenezca al grupo de medicamentos termolábiles.

d) Que esté identificado el paciente al que se va a administrar de forma clara y concisa para fraccionarlo en varias tomas.

15. Señala la respuesta incorrecta en cuanto a las ventajas de los sistemas automáticos de dispensación:

a) Permiten una mejor redistribución de los tiempos del personal del Servicio de Farmacia.

b) Se sustituyen las actividades de llenado, validación y recambio de carros de medicación por la de reposición de medicamentos en los armarios de las unidades de enfermería.

c) Disminuyen el número de dosis de medicamentos perdidos.

d) Aumentan los aciertos en los horarios de administración.

16. El documento de carácter sanitario, normalizado y obligatorio mediante el cual las oficinas y servicios de farmacia, almacenes de distribución y laboratorios farmacéuticos adquieren las sustancias y medicamentos estupefacientes precisos para el desempeño de la actividad que tienen autorizada se denomina:

a) Receta oficial de estupefacientes.

b) Vale de estupefacientes.

c) Orden de dispensación intrahospitalaria de estupefacientes.

d) Prescripción de medicamentos para uso humano y veterinario.

17. El embalaje que contiene todos los medicamentos necesarios que ha definido un protocolo para tratar un determinado proceso patológico o una parte del mismo, normalmente acompañados de información escrita sobre su utilización, y, a veces, del material sanitario necesario para su administración se denomina:

a) Kit.

a) Blíster.

b) Unidosis.

c) Pack de uso restringido.

18. En el libro de contabilidad de estupefacientes, para cada sustancia se consignarán los siguientes datos, excepto uno; indica cuál:

a) Fecha.

b) N.º de receta, orden de dispensación o vale.

c) Identificación del paciente.

d) Proveedor o prescriptor.

19. Señala la respuesta incorrecta. El circuito del SDMDU consta de los siguientes pasos:

a) Diagnóstico del médico y cumplimentación de la orden médica.

b) Entrega de la orden médica a la enfermería de planta.

c) Entrega de la orden al servicio de farmacia para la validación por parte del farmacéutico.

d) Elaboración de las dosis y colocación en el cajetín común a todos los pacientes de planta.

20. En las recetas para medicamentos no financiados y en las recetas de medicamentos y productos sanitarios prescritas a usuarios en aplicación de la asistencia sanitaria transfronteriza se hará constar la leyenda:

a) Código de prescripción.
b) No válido para facturación.
c) Régimen de uso.
d) Ámbito de aplicación.

21. Para las recetas de medicamentos y productos sanitarios prescritas a usuarios en el marco de aplicación de la Directiva 2011/24/UE del Parlamento Europeo y del Consejo, de 9 de marzo de 2011, relativa a la aplicación de los derechos de los pacientes en la asistencia sanitaria transfronteriza por la que los usuarios deben abonar el importe íntegro, se utilizará el código:

a) DAST.
b) NOFIN.
c) ATEP.
d) WAO.

22. Establecer depósitos controlados por el personal de enfermería que permiten la administración de medicamentos con anterioridad a la solicitud por paciente, con reposición diaria y petición individualizada al servicio de farmacia para cada uno de los pacientes, es un sistema:

a) Por *stock* en unidad de enfermería.
b) De dispensación de medicamentos en dosis unitaria.
c) De dispensación global.
d) De dispensación por reposición y paciente.

23. La hoja que contiene pre-impresa la lista de medicamentos que forman parte del *stock*, la cual debe estar en relación con los medicamentos vigentes se denomina:

a) Hoja de botiquín de emergencia.
b) Hoja de retorno de medicamentos.
c) Hoja de orden.
d) Hoja de suministros.

24. En el sistema de dispensación global o por *stock*:

a) Los medicamentos se dispensan mediante el sistema de dosis unitaria.
b) No hay *stock* de medicamentos en las unidades clínicas.

c) Se establece en la unidad clínica correspondiente un almacén de medicamentos controlados por personal de enfermería.

d) Se ha de realizar una elevada inversión y se trata de un procedimiento complejo de atención a la demanda de medicamentos.

25. En relación con la Dosis Unitaria:

a) Es la dosis de medicamento prescrita como dosis de tratamiento a un paciente en particular, cuyo envase permite administrar el medicamento directamente al paciente.

b) No ofrece la oportunidad de un adecuado seguimiento a la terapia medicamentosa del paciente.

c) Esta forma de dispensación no disminuye los errores de medicación.

d) Es complejo adaptar este sistema a procedimientos computerizados y automatizados.

26. Para que la receta médica sea correcta debe contener los siguientes datos:

a) En las recetas médicas de asistencia sanitaria pública, el código de identificación personal del paciente, recogido en su tarjeta sanitaria individual, asignado por su Servicio de Salud o por las Administraciones competentes de los regímenes especiales de asistencia sanitaria.

b) Datos del médico, fecha y firma.

c) Datos del paciente.

d) Todas son correctas.

27. En relación con la receta electrónica:

a) No es necesaria para la prescripción ni la dispensación la tarjeta sanitaria individual.

b) Está implantada en todas las comunidades autónomas.

c) El médico no tiene un control sobre la evolución del tratamiento.

d) El tratamiento en receta electrónica podrá ser dispensado en cualquier farmacia del territorio nacional o botiquines dependientes de las mismas.

28. El plazo de validez de la receta electrónica es de:

a) Diez días hábiles.

b) Diez días naturales.

c) Diez días naturales a partir de la fecha de finalización de la medicación de la dispensación anterior.

d) Diez días naturales a partir de la fecha de prescripción o del visado, en el caso de una primera dispensación.

29. En relación a la dispensación de estupefacientes señala la respuesta incorrecta:

a) El farmacéutico deberá anotar al dorso de la receta, tras la dispensación, el DNI o equivalente en caso de ser extranjero, de la persona que retira el medicamento.

b) El farmacéutico deberá sellar, firmar y fechar la receta dispensada que quedará en su poder.

c) Se pueden dispensar varios estupefacientes por receta.

d) Es necesario que exista un libro para el control de la distribución de estupefacientes dentro del hospital.

30. Precisan de receta oficial de estupefacientes:

a) Medicamentos estupefacientes incluidos en la Lista I.

b) Medicamentos estupefacientes incluidos en la Lista II.

c) Medicamentos estupefacientes incluidos en la Lista II y III.

d) Medicamentos estupefacientes incluidos en la Lista III y IV.

31. La normativa que regula la receta médica, órdenes de dispensación en España es:

a) Real Decreto 1718/2010, de 17 de diciembre.

b) Real Decreto 140/2003, de 7 de febrero.

c) Real Decreto 865/2003, de 4 de julio.

d) La Ley 16/2003, de 28 de mayo.

32. En relación con los sistemas de dispensación automáticos:

a) Se usan como complemento al Sistema de Dispensación de Medicamentos mediante Dosis Unitarias.

b) No es necesario realizar una elevada inversión económica.

c) Cualquier técnico puede trabajar en los departamentos de sistemas de información del hospital.

d) No permite que la información esté disponible para otros servicios como el de contabilidad o el de gestión, por cuestiones de confidencialidad.

33. Los medicamentos de acuerdo con la Agencia Española de Medicamentos y Productos sanitarios se clasifican en:

a) Medicamento sujeto a prescripción médica.

b) Medicamento No sujeto a prescripción médica.

c) Medicamentos de prescripción médica restringida.

d) Todas las respuestas anteriores son correctas.

34. Los medicamentos se someten a prescripción médica especial cuando:

a) Contengan, en dosis no exentas, una sustancia clasificada como estupefaciente o psicótropo de acuerdo con los convenios internacionales sobre la materia.

b) Se trate de medicamentos que exigen particular vigilancia, supervisión y control del equipo multidisciplinar de atención a la salud, los cuales a causa de sus características farmacológicas o por su novedad, o por motivos de salud pública, se reserven para tratamientos que solo pueden utilizarse o seguirse en medio hospitalario o centros asistenciales autorizados (Medicamentos de Uso Hospitalario).

c) Se utilicen en el tratamiento de enfermedades que deban ser diagnosticadas en medio hospitalario, o en establecimientos que dispongan de medios de diagnóstico adecuados o por determinados médicos especialistas, aunque la administración y seguimiento pueda realizarse fuera del hospital (Medicamentos de Diagnóstico Hospitalario) de prescripción por determinados médicos especialistas.

d) Todas son correctas.

35. En una receta para cumplimentación manual, la firma del médico ha de ser:

a) Con un sello con sus datos y número de colegiado es válido, una vez cumplimentados los datos de consignación obligatoria y la prescripción objeto de la receta.

b) Puede ser escaneada y utilizada de forma sistemática.

c) La firma será estampada personalmente una vez cumplimentados los datos de consignación obligatoria y la prescripción objeto de la receta.

d) Requerirá firma electrónica.

36. Para la validez de la receta electrónica en los medicamentos con visado, la fecha que se considera es:

a) La de prescripción.

b) La de dispensación.

c) La de la autorización del visado.

d) Todas las respuestas anteriores son correctas.

37. ¿Qué es una receta médica?

a) Un documento normalizado en el que los médicos prescriben medicamentos para dispensar en la oficina de farmacia y botiquines.

b) Un papel firmado por un medico en el que prescribe un medicamento para que el paciente no tenga que pagarlo entero.

c) Es el documento de carácter sanitario, normalizado y obligatorio para la prescripción por los médicos, odontólogos y podólogos de los servicios hospitalarios, de los medicamentos que exijan una particular vigilancia, supervisión y control, que deban ser dispensados por los servicios de farmacia hospitalaria a dichos pacientes.

d) Es el documento de carácter sanitario, normalizado y obligatorio mediante el cual los profesionales enfermeros, en el ámbito de sus competencias, y una vez hayan sido facultados individualmente mediante la correspondiente acreditación, indican o autorizan, en las condiciones y con los requisitos que reglamentariamente se establezcan, la dispensación de medicamentos, sujetos o no a prescripción médica, y productos sanitarios por un farmacéutico o bajo su supervisión, en las oficinas de farmacia y botiquines dependientes de las mismas o, conforme a lo previsto en la legislación vigente, en otros establecimientos sanitarios, unidades asistenciales o servicios farmacéuticos de estructuras de atención primaria, debidamente autorizados para la dispensación de medicamentos.

38. ¿Qué es una orden de dispensación?

a) Un documento normalizado en el que los médicos prescriben medicamentos para dispensar en la oficina de farmacia y botiquines

b) Un papel firmado por un médico en el que prescribe un medicamento para que el paciente no tenga que pagarlo entero

c) Es el documento de carácter sanitario, normalizado y obligatorio para la prescripción por los médicos, odontólogos y podólogos de los servicios hospitalarios, de los medicamentos que exijan una particular vigilancia, supervisión y control, que deban ser dispensados por los servicios de farmacia hospitalaria a dichos pacientes.

d) Es el documento de carácter sanitario, normalizado y obligatorio mediante el cual los profesionales enfermeros, en el ámbito de sus competencias, y una vez hayan sido facultados individualmente mediante la correspondiente acreditación, indican o autorizan, en las condiciones y con los requisitos que reglamentariamente se establezcan, la dispensación de medicamentos, sujetos o no a prescripción médica, y productos sanitarios por un farmacéutico o bajo su supervisión, en las oficinas de farmacia y botiquines dependientes de las mismas o, conforme a lo previsto en la legislación vigente, en otros establecimientos sanitarios, unidades asistenciales o servicios farmacéuticos de estructuras de atención primaria, debidamente autorizados para la dispensación de medicamentos.

39. El código DAST que aparece en la parte superior derecha de las recetas significa que:

a) El usuario está exento de aportación.

b) Es para un medicamento o producto sanitario en el caso de asistencia sanitaria transfronteriza.

c) Es una receta de accidente de trabajo o enfermedad profesional.

d) Se trata de un medicamento o producto sanitario no financiado por la Seguridad Social.

40. El código TSI 001 que aparece en la parte superior derecha de las recetas significa que:

a) Es una receta de accidente de trabajo o enfermedad profesional.

b) Se trata de un medicamento o producto sanitario no financiado por la Seguridad Social.

c) El usuario está exento de aportación.

d) Es para un medicamento o producto sanitario en el caso de asistencia sanitaria transfronteriza.

41. El código NOFIN que aparece en la parte superior derecha de las recetas significa que:

a) El usuario está exento de aportación.

b) Es una receta de accidente de trabajo o enfermedad profesional.

c) Se trata de un medicamento o producto sanitario no financiado por la Seguridad Social.

d) Es para un medicamento o producto sanitario en el caso de asistencia sanitaria transfronteriza.

Solución al test n.º 26

1. b) Sistema de dispensación por distribución desde una oficina de farmacia.

2. d) Sistema de dispensación de medicamentos en dosis unitaria (SDMDU).

3. c) Fecha de inicio del tratamiento.

4. b) Envasado de la dosis.

5. a) La interpretación de la información en él contenida.

6. d) Estén destinados a pacientes ambulatorios, pero cuya utilización pueda producir reacciones adversas muy graves, lo que requerirá, en su caso, prescripción por determinados médicos especialistas y una vigilancia especial durante el tratamiento (Medicamentos de Especial Control Médico).

7. c) Psicólogos.

8. d) DNI (en casos de menores de edad, el de uno de sus padres o representante legal).

9. b) TSI 004.

10. a) Presentaciones en unidosis y por vía parenteral del grupo terapéutico «J01 Antibacterianos para uso sistémico».

11. c) Máximo noventa días naturales.

12. a) En cualquier oficina de farmacia del territorio nacional o en botiquines dependientes de las mismas, así como en los servicios de farmacia de los centros de salud y de las estructuras de atención primaria.

13. b) Real Decreto Legislativo 1/2015, de 24 de julio.

14. b) Que esté disponible para su administración directa sin necesidad de ninguna manipulación.

15. d) Aumentan los aciertos en los horarios de administración.

16. b) Vale de estupefacientes.

17. a) Kit.

18. c) Identificación del paciente.

19. d) Elaboración de las dosis y colocación en el cajetín común a todos los pacientes de planta.

20. b) No válido para facturación.

21. a) DAST.

22. d) De dispensación por reposición y paciente.

23. a) Hoja de botiquín de emergencia.

24. c) Se establece en la unidad clínica correspondiente un almacén de medicamentos controlados por personal de enfermería.

25. a) Es la dosis de medicamento prescrita como dosis de tratamiento a un paciente en particular, cuyo envase permite administrar el medicamento directamente al paciente.

26. d) Todas son correctas.

27. d) El tratamiento en receta electrónica podrá ser dispensado en cualquier farmacia del territorio nacional o botiquines dependientes de las mismas.

28. d) Diez días naturales a partir de la fecha de prescripción o del visado, en el caso de una primera dispensación.

29. c) Se pueden dispensar varios estupefacientes por receta.

30. a) Medicamentos estupefacientes incluidos en la Lista I.

31. a) Real Decreto 1718/2010, de 17 de diciembre.

32. a) Se usan como complemento al Sistema de Dispensación de Medicamentos mediante Dosis Unitarias.

33. d) Todas las respuestas anteriores son correctas.

34. a) Contengan, en dosis no exentas, una sustancia clasificada como estupefaciente o psicótropo de acuerdo con los convenios internacionales sobre la materia.

35. c) La firma será estampada personalmente una vez cumplimentados los datos de consignación obligatoria y la prescripción objeto de la receta.

36. c) La de la autorización del visado.

37. a) Un documento normalizado en el que los médicos prescriben medicamentos para dispensar en la oficina de farmacia y botiquines.

38. d) Es el documento de carácter sanitario, normalizado y obligatorio mediante el cual los profesionales enfermeros, en el ámbito de sus competencias, y una vez hayan sido facultados individualmente mediante la correspondiente acreditación, indican o autorizan, en las condiciones y con los requisitos que reglamentariamente se establezcan, la dispensación de medicamentos, sujetos o no a prescripción médica, y productos sanitarios por un farmacéutico o bajo su supervisión, en las oficinas de farmacia y botiquines dependientes de las mismas o, conforme a lo previsto en la legislación vigente, en otros establecimientos sanitarios, unidades asistenciales o servicios farmacéuticos de estructuras de atención primaria, debidamente autorizados para la dispensación de medicamentos.

39. b) Es para un medicamento o producto sanitario en el caso de asistencia sanitaria transfronteriza.

40. c) El usuario está exento de aportación.

41. c) Se trata de un medicamento o producto sanitario no financiado por la Seguridad Social.

TEST N.º 27

Servicio de Farmacia de onco-hematología y Hospital de día oncológico. Descripción. Sistemas de administración de citostáticos: material para administración por bomba de perfusión; infusores, descripción y funcionamiento

1. Señala la respuesta incorrecta. El Hospital de día es:

a) Una asistencia hospitalaria de régimen ambulatorio, de manera que el paciente puede recibir una atención especializada y técnicamente cualificada mediante ingreso hospitalario.

b) Una asistencia hospitalaria de régimen ambulatorio, de manera que el paciente puede recibir una atención especializada y técnicamente cualificada sin necesidad de ingreso hospitalario.

c) Una asistencia durante horas, ya sea por diagnósticos, investigaciones clínicas y/o exploraciones múltiples, así como para tratamientos que no pueden hacerse en la consulta externa, pero no justifican la estancia completa en hospital.

d) El Hospital ha contribuido a un incremento notable de la eficiencia en la atención a pacientes, que con anterioridad eran ingresados en unidades de hospitalización convencional.

2. La estructura básica de los Hospitales de día en Oncología, no consta de:

a) Recepción y sala de esperas.
b) Consulta.
c) Sala de Radiología.
d) Zona de tratamientos con camas o sillones.

3. El servicio de farmacia hospitalaria de Oncohematología consiste en:

a) Definir las alternativas terapéuticas en el cáncer.
b) Tratamientos de soporte de estos pacientes.
c) Protocolos seguros de trabajo con medicamentos antineoplásicos.
d) Todas son correctas.

4. ¿En qué registro médico se encuentran los datos de la medicación (quimiote-rápicos) a administrar?

a) En la Hoja de Evolución médica.
b) En la Hoja de Órdenes médicas.
c) En el Informe de Alta.
d) En la Hoja de Control de Medicación.

5. Las órdenes médicas han de incluir:

a) Identificación del paciente, diagnóstico, peso corporal, tratamiento pormenorizado con la dosificación, vía y modo de administración, tratamientos acompañantes, fecha de iniciación y finalización del tratamiento.
b) Identificación del paciente, diagnóstico, peso corporal, tratamiento pormenoriza-do con la dosificación, vía y modo de administración, tratamientos acompañantes y fecha de iniciación del tratamiento.
c) Identificación del paciente, diagnóstico, peso corporal, tratamiento pormenorizado con la dosificación, vía y modo de administración y fecha de iniciación.
d) Identificación del paciente, diagnóstico, peso corporal, vía y modo de administra-ción, tratamientos acompañantes, fecha de iniciación y finalización del tratamiento.

6. La administración de QT está a cargo del:

a) Personal de enfermería.
b) Personal farmacéutico.
c) Personal médico.
d) Ninguna respuesta anterior es correcta.

7. La principal vía de administración de citostáticos es:

a) Intravenosa.
b) Oral.
c) Intratecal.
d) Intraarterial.

8. Con referencia a la quimioterapia intraarterial, señala lo incorrecto:

a) Se realiza tras punción subcutánea en una arteria.
b) Se realiza a través de la instauración de un catéter.
c) El objetivo es realizar un tratamiento regional.
d) Se indica en el tratamiento de metástasis hepáticas por cáncer de colon mediante la administración de 5FU o floxuridina.

9. ¿En qué consiste la quimioterapia intratecal?

a) En la administración de Qt en espacio subarocnideo.
b) Es la administración de QT en espacio ventricular.

c) En la administración de Qt en espacio intratecal.

d) En la administración de QT en barrera hematoencefálica.

10. La quimioterapia intracavitaria se administra:

a) En cavidades o espacios como peritoneo, pleura, pericardio o vejiga.

b) En el espacio intratecal mediante punción lumbar o reservorio intratecal.

c) No todos los fármacos permiten esta vía ya que son irritantes, y por lo tanto lesionarían los tejidos.

d) Se realiza a través de una arteria mediante punción de forma percutánea o por instauración de un catéter.

11. Las Unidades de Hospitalización de Día están identificadas por el código U65 en la clasificación establecida en:

a) Real Decreto 1388/2007.

b) Decreto 1467/2008.

c) Real Decreto 1277/2003.

d) Decreto 2345/2005.

12. Señala la respuesta incorrecta:

a) Los fármacos fotosensibles precisan ser resguardados de la luz y en infusiones largas se deberán utilizar equipos opacos.

b) Los taxanos no precisan de equipos de administración especial, como de baja absorción o libres de PVC.

c) Los equipos en forma de árbol para infusión de citostáticos permiten administrar el tratamiento con seguridad, de forma que no es posible el contacto personal con el fármaco.

d) Cuando se administra en bolo, se recomienda que la jeringa tenga conexión Luer-Lock.

13. La bomba de infusión es:

a) Un sistema que permite la administración por vía parenteral o enteral de fármacos mediante presión negativa.

b) Un sistema que permite la administración por vía parenteral o enteral de fármacos mediante presión positiva.

c) Un sistema para administrar medicamentos por vía intravenosa cuya fuerza de impulsión es la gravedad.

d) Un sistema para administrar medicamentos por vía intravenosa cuya fuerza de impulsión es una fuente de energía artificial que ejerce una presión negativa.

14. Las bombas peristálticas infunden el fluido:

a) Con ayuda de una leva giratoria.

b) Con infusor electrónico y una cámara de bombeo.

c) De forma continua.

d) Gracias a la acción de un émbolo de una jeringa.

15. Selecciona la respuesta correcta:

a) La administración de bolos es la administración de medicamentos mediante jeringa y directamente en el acceso venoso. Es utilizado cuando el medicamento necesita dilución.

b) La infusión continua se refiere a la administración de un medicamento, generalmente durante 24 horas, que permite mantener constante la concentración plasmática del medicamento, y normalmente se utiliza con medicamentos que no necesitan ser diluidos.

c) La infusión continua se refiere a la administración de un medicamento, generalmente durante 24 horas, que permite mantener constante la concentración plasmática del medicamento.

d) La infusión intermitente se recomienda para grandes volúmenes de medicamentos no diluidos.

16. Para una correcta administración de citostáticos:

a) En el primer tratamiento se valorarán las alergias del paciente.

b) En el primer tratamiento se valorará el entorno del paciente.

c) En tratamientos posteriores no es necesario evaluar los efectos secundarios del último tratamiento.

d) Las respuestas a) y b) son correctas.

17. Señala los principales tipos de catéteres que existen en la actualidad:

a) Catéteres venosos sistémicos y centrales.

b) Catéteres arteriales periféricos y sistémicos.

c) Catéteres venosos periféricos y catéteres centrales.

d) Todos son correctos.

18. El catéter tipo DRUM:

a) Es un catéter de inserción periférica central.

b) Es un catéter venoso periférico.

c) Es catéter central directo.

d) Es un catéter periférico directo.

19. El catéter tipo Hickman es de tipo:

a) Central periférico.

b) Central indirecto.

c) Central directo.

d) Venoso periférico.

20. Cuando la administración de QT se administra en bolo se recomienda que la jeringa tenga conexión:

a) Arrow.
b) Luer-lock.
c) Hickman.
d) Port.

21. ¿Qué vía de administración tiene la quimioterapia?

a) Intracavitaria.
b) Intraencefálica.
c) Intrahepática.
d) Intragenital.

22. El catéter mejor usado para la terapia ambulatoria es:

a) El tipo Arrow, que es periférico.
b) El tipo Port-aCath, que es un catéter central venoso.
c) El Port-aCath, que es el mejor catéter periférico.
d) El tipo DRUM.

23. Un fármaco que requiere su acción inmediata:

a) Es intermitente.
b) Es mixto.
c) Es administrado en bolos.
d) Es de infusión continua.

24. Señala la respuesta incorrecta. La valoración que se tiene que realizar del primer tratamiento de una quimioterapia debe contener:

a) El entorno.
b) El grupo sanguíneo del paciente.
c) Tratamientos oncológicos previos, si los hubiera.
d) Posibles alergias.

25. Que los profesionales tengan fácil acceso a la información clínica del paciente se considera:

a) Una complicación potencial.
b) Se considera un error en la administración.
c) Irrelevante antes de la administración de la quimioterapia.
d) Se considera una estrategia para evitar errores administrativos.

26. Según el *Institute of Safe Medication Practices*, los citostáticos están conside-rados como medicamentos de alto riesgo y de estrecho intervalo terapéutico. Por este motivo, siempre deben mantenerse unos criterios de seguridad en la adminis-tración de la QT, por lo que antes de la administración debe revisarse:

a) El protocolo de tratamiento: hidratación, premedicación, duración del tratamiento, fármacos, dosis, orden de administración de los fármacos y vía de administración.

b) Revisar nombre del paciente, NHC, dosis y fármacos respecto a la prescripción médica.

c) Tener en cuenta las características del fármaco en cuanto a estabilidad, dilución, sueros concomitantes e incompatibilidades.

d) Todas son correctas.

27. Paciente de 50 años, diagnosticado de cáncer colorrectal, acude al Hospi-tal de Día de Oncología a recibir su primer ciclo de quimioterapia. Su oncólogo le prescribe un ciclo de Folfox que consiste en Oxaliplatino 85 mg/m² el día 1, Ácido folínico 200 mg/m²/día los dias 1 y 2, fluorouracilo 400 mg/m²/día en bolo días 1 y 2, y fluorouracilo 600 mg/m²/día en perfusion de 22 h días 1 y 2. Señala la respuesta correcta respecto a la administración de medicamentos a Mariano:

a) El paciente debe ingresar en planta obligatoriamente para poder administrarle el tratamiento.

b) Los citostáticos intravenosos nunca se pueden administrar a nivel domiciliario.

c) Si el paciente tiene port-a-cath, se puede administrar la perfusión de 22 h de fluo-roracilo a nivel domiciliario.

d) Los infusores requieren una programación domiciliaria de la infusión por parte del paciente, con un alto riesgo de error.

28. Las bombas de infusión permiten la administración por vía:

a) Intrarraquídea.

b) Subcutánea.

c) Intraperitoneal.

d) Todas las respuestas son correctas.

29. Según el tipo de liberación del fármaco, las bombas de infusión pueden ser:

a) Volumétricas.

b) Elastoméricas.

c) Intermitente.

d) Peristálticas.

30. Indica qué tipo de fármacos requieren equipos de administración de baja absorción o libres de PVC:

a) Ciclofosfamida.

b) Taxanos.

c) Metotrexato.
d) Ninguna de las respuestas es correcta.

31. Indica cuáles son los profesionales sanitarios encargados de utilizar los sistemas de administración de citostáticos:

a) Farmacia hospitalaria.
b) Facultativos de oncología.
c) Personal de enfermería.
d) Ninguna de las respuestas es correcta.

32. En la quimioterapia intracavitaria el citostático no se administra en:

a) Vejiga urinaria.
b) Pleura.
c) Pericardio.
d) Ventrículos.

33. El circuito óptimo establecido en los Hospitales de día podría esquematizarse en los siguientes pasos:

a) Recepción del paciente.
b) Tratamiento con cama o sillones reclinables.
c) Alta.
d) Todas las respuestas son correctas.

34. El Servicio de farmacia hospitalaria de Onco-Hematología y Hospitales de Día consiste en:

a) Técnicas de reconstrucción, dosificación y control de estos medicamentos.
b) Procedimientos normalizados para la reconstrucción de medicamentos antineoplásicos.
c) Complicaciones, prevención y tratamiento de la terapia.
d) Todas las respuestas son correctas.

35. Indica qué tipo de quimioterapia se efectúa mediante punción lumbar:

a) Quimioterapia intravenosa.
b) Quimioterapia intraarterial.
c) Quimioterapia intramuscular.
d) Quimioterapia intratecal.

36. Respecto a los sistemas de administración, los equipos opacos están indicados para:

a) Evitar el contacto del personal con el fármaco.
b) Taxanos y similares.

c) Fármacos fotosensibles.
d) Todas las respuestas anteriores son correctas.

37. Indica qué tipo de bomba de infusión dispone de un infusor electrónico y de un equipo de perfusión extraíble con una cámara de bombeo:

a) Elastomérica.
b) Volumétrica.
c) De jeringa.
d) Peristáltica.

38. El método de administración de fármacos quimioterápicos utilizado depende:

a) Del estado del paciente.
b) Del efecto deseado de la mediación.
c) Del tipo de medicamento.
d) Todas las respuestas son correctas.

39. La vía principal de los tratamientos quimioterápicos es:

a) Intracavitaria.
b) Intravenosa.
c) Intratecal.
d) Intraarterial.

40. En la administración de la quimioterapia, la función de validación la realiza el:

a) Farmacéutico.
b) Enfermero.
c) Médico.
d) Ninguna de las respuestas es correcta.

41. Respecto a la quimioterapia oral, señala la respuesta correcta:

a) Es necesario informar al paciente de la posología y de la pauta de tratamiento.
b) Es la más cómoda para el paciente.
c) Puede ser la única vía de administración del tratamiento.
d) Todas son correctas.

42. Al elegir el tipo de catéter, entre los factores relacionados con el paciente no se incluye:

a) La duración del tratamiento.
b) Edad.
c) Estado mental.
d) Problemas circulatorios.

43. La administración de medicamentos directamente en el acceso venoso, mediante una jeringa se conoce como:

a) Infusión continua.
b) Administración en bolos.
c) Administración mixta.
d) Administración intermitente.

44. Respecto al Hospital de Día, señala la respuesta incorrecta:

a) Se presta atención especializada.
b) Mejora la calidad de vida del paciente.
c) Requiere ingreso hospitalario.
d) Aporta beneficios económicos.

45. Los tratamientos administrados incluyen:

a) Anticuerpos monoclonales.
b) Ajustes de analgesia.
c) Quimioterápicos.
d) Todas son correctas.

46. Señala cuál es una ventaja de los CVC:

a) Permiten la infusión intravenosa prolongada.
b) Permiten la medición de la presión venosa central.
c) Permiten la obtención de muestras de sangre.
d) Todas son ventajas.

47. El catéter venoso periférico más frecuentemente utilizado es del tipo:

a) Palomita de plástico.
b) DRUM.
c) PICC´S.
d) Arrow.

48. La infusión continua:

a) Se refiere a la administración del medicamento en un periodo de tiempo asignado, generalmente mantenida durante 24 horas.
b) Infusión continua pretende mantener la concentración plasmática constante del medicamento.
c) Se utiliza con medicamentos que precisan altas dosis y se administran diluidos.
d) Todas son correctas.

49. La infusión intermitente:

a) Se refiere a la administración del medicamento en un periodo de tiempo limitado en un plazo máximo de 2 horas y un volumen entre 50 y 250 ml.

b) Se recomienda cuando los medicamentos se alteran durante un tiempo corto.

c) Es la administración directa al acceso venoso, mediante jeringa.

d) Se utiliza cuando el medicamento no requiere dilución.

50. Las bombas elastoméricas:

a) Son dispositivos que permiten la administración continua o intermitente de medicamentos de forma controlada.

b) Su mecanismo básico de funcionamiento consiste en un sistema que ejerce una presión constante sobre un reservorio que contiene el líquido a infundir y cuya velocidad de flujo está controlada por un capilar calibrado que existe en el tubo de infusión.

c) La bomba elastomérica no requiere electricidad ni batería y su funcionamiento está basado en una energía constante liberada por el elastómero.

d) Todas son correctas.

Solución al test n.º 27

1. a) Una asistencia hospitalaria de régimen ambulatorio, de manera que el paciente puede recibir una atención especializada y técnicamente cualificada mediante ingreso hospitalario.

2. c) Sala de Radiología.

3. d) Todas son correctas.

4. b) En la Hoja de Órdenes médicas.

5. a) Identificación del paciente, diagnóstico, peso corporal, tratamiento pormenorizado con la dosificación, vía y modo de administración, tratamientos acompañantes, fecha de iniciación y finalización del tratamiento.

6. a) Personal de enfermería.

7. a) Intravenosa.

8. a) Se realiza tras punción subcutánea en una arteria.

9. c) En la administración de Qt en espacio intratecal.

10. a) En cavidades o espacios como peritoneo, pleura, pericardio o vejiga.

11. c) Real Decreto 1277/2003.

12. b) Los taxanos no precisan de equipos de administración especial, como de baja absorción o libres de PVC.

13. b) Un sistema que permite la administración por vía parenteral o enteral de fármacos mediante presión positiva.

14. a) Con ayuda de una leva giratoria.

15. c) La infusión continua se refiere a la administración de un medicamento, generalmente durante 24 horas, que permite mantener constante la concentración plasmática del medicamento.

16. d) Las respuestas a) y b) son correctas.

17. c) Catéteres venosos periféricos y catéteres centrales.

18. a) Es un catéter de inserción periférica central.

19. c) Central directo.

20. b) Luer-lock.

21. a) Intracavitaria.

22. b) El tipo Port-aCath, que es un catéter central venoso.

23. c) Es administrado en bolos.

24. b) El grupo sanguíneo del paciente.

25. d) Se considera una estrategia para evitar errores administrativos.

26. d) Todas son correctas.

27. c) Si el paciente tiene port-a-cath, se puede administrar la perfusión de 22 h de fluororacilo a nivel domiciliario.

28. d) Todas las respuestas son correctas.

29. c) Intermitente.

30. b) Taxanos.

31. c) Personal de enfermería.

32. d) Ventrículos.

33. a) Recepción del paciente.

34. d) Todas las respuestas son correctas.

35. d) Quimioterapia intratecal.

36. c) Fármacos fotosensibles.

37. b) Volumétrica.

38. d) Todas las respuestas son correctas.

39. b) Intravenosa.

40. a) Farmacéutico.

41. d) Todas son correctas.

42. a) La duración del tratamiento.

43. b) Administración en bolos.

44. c) Requiere ingreso hospitalario.

45. d) Todas son correctas.

46. d) Todas son ventajas.

47. a) Palomita de plástico.

48. d) Todas son correctas.

49. a) Se refiere a la administración del medicamento en un periodo de tiempo limitado en un plazo máximo de 2 horas y un volumen entre 50 y 250 ml.

50. d) Todas son correctas.

TEST N.º 28

Productos parafarmacéuticos: Productos sanitarios y biocidas de uso humano. Dermofarmacia. Preparados dietéticos. Clasificación, aplicaciones y características de los productos parafarmacéuticos. Regulación comunitaria de los productos sanitarios. Material de acondicionamiento de los productos sanitarios. Aplicaciones informáticas de bases de datos de parafarmacia

1. Los productos de parafarmacia:

a) Son llamados productos de libre adquisición.
b) Son aquellos productos que, sin ser propiamente medicamentos, se consumen, aplican y usan directamente por los usuarios para mejorar su calidad de vida.
c) Son productos que no son medicamentos.
d) Todas son correctas.

2. Uno de los siguientes es un producto de parafarmacia:

a) Biocidas.
b) Productos para nutrición enteral.
c) Productos de alimentación infantil.
d) Todos son productos de parafarmacia.

3. Los biocidas de uso humano son utilizados para:

a) Higiene humana.
b) Como repelentes.
c) Como insecticidas.
d) Todas son correctas.

4. Todos aquellos productos que, no siendo medicamentos, se consumen, aplican o utilizan sobre el cuerpo y se ponen a disposición de los usuarios se denominan:

a) Fármacos.
b) Productos de parafarmacia.

c) Fórmula magistral.
d) Medicamento genérico.

5. El Código Nacional que llevan los productos de farmacia es un número de:

a) 8 cifras.
b) 7 cifras.
c) 9 cifras.
d) 10 cifras.

6. El Código Nacional de Productos de parafarmacia está comprendido entre los números:

a) 200.000 y 499.999.
b) 150.000 y 399.999.
c) 100.000 y 299.999.
d) Ninguna es correcta.

7. El Catálogo de Parafarmacia del CGCOF:

a) Pertenece a la colección de la AEMPS.
b) Pertenece a la colección Consejo Plus.
c) Pertenece al Catálogo de Medicamentos.
d) Pertenece al BOT plus.

8. El BOT plus:

a) Es un programa informático.
b) Es un catálogo de medicamentos.
c) Es una colección de parafarmacia.
d) Es una monografía informática.

9. Son efectos y accesorios:

a) Material de cura.
b) Utensilios destinados a la aplicación de medicamentos.
c) Utensilios para la recogida de excretas y secreciones.
d) Todas son correctas.

10. En referencia al Catálogo de Parafarmacia, señala lo incorrecto:

a) Este catálogo pertenece a la colección Consejo Plus, que se actualiza cada cinco años, junto con el catálogo de Medicamentos, Catálogo de plantas Medicinales, BOT Plus, BOT Plus PDA y la revista Panorama Actual del Mediterráneo.
b) El catálogo de Parafarmacia del Consejo General del Colegio Oficial de Farmacéuticos (CGCOF) sirve como instrumento de trabajo en las farmacias.

c) Su objetivo es recopilar los productos de parafarmacia existentes con el fin de facilitar la dispensación, indicación y/o la venta.

d) Presenta una relación de productos con la información.

11. El Bot Plus es una base de datos de medicamentos que elabora:

a) El Ministerio de Sanidad a partir de sus datos oficiales.

b) Una empresa privada.

c) El Consejo general del Colegio Oficial farmacéutico.

d) Los farmacéuticos asociados.

12. La base de datos BOT Plus se puede actualizar:

a) Con un CD cada 15 días.

b) Semanalmente a través de internet.

c) Semestralmente a través de la AEMPS.

d) En la web cada día.

13. ¿A qué se define como el conocimiento de la administración de los alimentos de la forma adecuada en los estados de enfermedad, partiendo del conocimiento profundo del organismo humano y de los alimentos?

a) Dietoterapia.

b) Nutrición.

c) Bromatología.

d) Dietética.

14. ¿Qué tipo de dieta está indicada para personas que van a ser operadas y prescrita doce horas antes de la intervención?

a) Dieta blanda.

b) Dieta líquida.

c) Dieta sólida.

d) Dieta absoluta.

15. ¿Cuál es la dieta inicial en paciente con infarto agudo de miocardio?

a) Se suele administrar líquidos por vía oral.

b) Se suele administrar dieta blanda.

c) Se suele administrar dieta semiblanda.

d) Se suele administrar líquidos por vía parenteral.

16. Los productos parafarmacéuticos son también llamados:

a) Medicamentos de uso restringido.

b) Productos de dispensación hospitalaria.

c) Productos de libre adquisición.
d) Productos psicotrópicos.

17. No están incluidos dentro de productos parafarmacéuticos:

a) Psicotrópicos.
b) Cosméticos.
c) Biocidas.
d) Ortopédicos.

18. Generalmente, los biocidas de uso humano tendrán un periodo máximo de validez de:

a) 2 años.
b) 5 años.
c) 3 años.
d) Indefinido.

19. Es la rama de la Farmacia que estudia, fabrica y expende productos de cosmética no relacionados con patologías:

a) Dermofarmacia.
b) Cosmofarmacia.
c) Dermología.
d) Cosmetología.

20. Es la actividad destinada a la recogida, evaluación y seguimiento de la información sobre los efectos no deseados observados como consecuencia del uso normal o razonablemente previsible de los productos cosméticos:

a) Cosmetovigilancia.
b) Cosmovigilancia.
c) Dermocontrol.
d) Dermovigilancia.

21. La normativa nacional que regula los productos sanitarios en nuestro país es:

a) Decreto 192/2023, de 20 de marzo.
b) Real Decreto 192/2023, de 21 de marzo.
c) Real Decreto 23/1992, de 21 de marzo.
d) Ley 192/2023, de 21 de marzo.

22. Acondicionamiento directo con el producto sanitario en un recipiente con el cual está en contacto:

a) Secundario.
b) Primario.

c) Básico.
d) Especial.

23. Embalaje externo que contiene al envase inmediato:

a) Primario.
b) Básico.
c) Secundario.
d) Especial.

Solución al test n.º28

1. d) Todas son correctas.

2. d) Todos son productos de parafarmacia.

3. d) Todas son correctas.

4. b) Productos de parafarmacia.

5. b) 7 cifras.

6. b) 150.000 y 399.999.

7. b) Pertenece a la colección Consejo Plus.

8. a) Es un programa informático.

9. d) Todas son correctas.

10. a) Este catálogo pertenece a la colección Consejo Plus, que se actualiza cada cinco años, junto con el catálogo de Medicamentos, Catálogo de plantas Medicinales, BOT Plus, BOT Plus PDA y la revista Panorama Actual del Mediterráneo.

11. c) El Consejo general del Colegio Oficial farmacéutico.

12. b) Semanalmente a través de internet.

13. a) Dietoterapia.

14. d) Dieta absoluta.

15. d) Se suele administrar líquidos por vía parenteral.

16. c) Productos de libre adquisición.

17. a) Psicotrópicos.

18. b) 5 años.

19. a) Dermofarmacia.

20. a) Cosmetovigilancia.

21. b) Real Decreto 192/2023, de 21 de marzo.

22. b) Primario.

23. c) Secundario.

Atención a pacientes externos. Patologías más frecuentes atendidos en esta unidad. Circuitos de dispensación y requisitos. Funciones del Técnico

1. En el material de acondicionamiento de las especialidades de uso hospitalario debe figurar el símbolo:

a) UH.
b) H.
c) DH.
d) DSCH.

2. Según la circular 22/91 enviada por la Dirección General de Farmacia y Productos Sanitarios, se prohíbe expresamente:

a) La dispensación de fórmulas magistrales.
b) El suministro de especialidades de uso hospitalario de las oficinas de farmacia a los hospitales.
c) La dispensación de especialidades de uso hospitalario en las oficinas de farmacia.
d) La dispensación de medicamentos desde la Farmacia Hospitalaria para tratamientos extrahospitalarios.

3. Según la enmienda introducida al RD 28/2012, se entiende por prestación farmacéutica ambulatoria:

a) La dispensación de las especialidades farmacéuticas en dosis unitarias para tratamientos extrahospitalarios.
b) La dispensación al paciente mediante receta médica u orden de dispensación hospitalaria a través de una oficina de farmacia.
c) Aquellas dispensadas al paciente solo con receta médica.
d) Los medicamentos que son administrados a pacientes ingresados.

4. La ley vigente considera medicamentos de uso hospitalario a aquellas especialidades farmacéuticas que:

a) Por las condiciones especiales requeridas para su aplicación necesitan manipulaciones restringidas.

b) Son de uso humano fabricados industrialmente.

c) Se suministran en los hospitales y se dispensan al público en oficinas de farmacia.

d) Por sus características, indicación, condición y controles especiales se prescriben, dispensan y administran bajo la responsabilidad de un hospital.

5. La normativa por la que se regula el procedimiento de autorización, registro y condiciones de dispensación de los medicamentos de uso humano fabricados industrialmente es:

a) El RD 1345/2007.

b) Ley 5/2016.

c) Real Decreto 1024/2006.

d) La Circular 22/91.

6. Señala la respuesta incorrecta. La dispensación desde el servicio de farmacia hospitalaria es el acto de responsabilidad farmacéutica por el que se suministran medicamentos a:

a) Enfermos hospitalizados.

b) Enfermos con tratamientos controlados por el Hospital.

c) Enfermos con mala adherencia al tratamiento.

d) Pacientes externos en la Unidad de Pacientes Externos.

7. El paciente ambulatorio:

a) Requiere cuidados hospitalarios.

b) Requiere hospitalización.

c) No requiere cuidados hospitalarios.

d) No requiere medicación.

8. La dispensación de medicamentos y material sanitario a paciente externos va acompañada de:

a) Información sobre el tratamiento y técnicas de educación sanitaria.

b) Una entrevista para valorar la adherencia al tratamiento.

c) Una evaluación al paciente y las condiciones de conservación para el medicamento que posee en su domicilio.

d) Una autorización por parte del paciente para que se optimicen los recursos sanitarios disponibles.

9. En la UPE se dispensará la medicación al paciente EXCEPTO cuando:

a) Acuda otra persona con la documentación requerida.

b) La medicación aparezca en la prescripción médica con la dosis, vía de administración y duración del tratamiento.

c) No aparezca en la prescripción médica la fecha de la próxima visita.

d) Aparezca el nombre y la firma del médico en la prescripción.

10. En el caso de la prescripción de medicamentos extranjeros de uso hospitalario pendiente de autorización:

a) Se avisa al responsable del departamento de Farmacia.

b) El paciente tiene que esperar.

c) El responsable del área de farmacotecnia elaborará una fórmula similar.

d) Se derivará al paciente a la unidad correspondiente para un cambio de protocolo farmacoterapéutico.

11. Señala la respuesta incorrecta. Los medicamentos de uso compasivo:

a) Son medicamentos utilizados para indicaciones no autorizadas.

b) Necesitan una autorización del Ministerio de Sanidad.

c) El paciente debe rellenar un consentimiento informado ante testigo.

d) Su uso es imprescindible en tratamientos paliativos.

12. Señala la respuesta incorrecta. En la Unidad de Pacientes Externos se dispensan:

a) Fórmulas magistrales procedentes de la oficina de farmacia.

b) Medicamentos de uso hospitalario.

c) Medicamentos estupefacientes y psicótropos.

d) Medicamentos no comercializados en España de uso hospitalario que no disponen de autorización de comercialización ni uso.

13. Señala para cuál de las siguientes patologías NO se realiza dispensación farmacéutica a pacientes externos:

a) Hipertiroidismo.

b) Hepatitis B y C.

c) Fibrosis quística.

d) Hemofilia.

14. La dispensación de medicamentos para pacientes con patologías especiales, solo podrá realizarse si:

a) La prescripción tiene la fecha de la próxima visita.

b) Hay una prescripción escrita del médico.

c) Existe una buena adherencia del paciente al tratamiento.

d) Se comprueba que es el medicamento correcto y está pautado en la dosis y administración correctas.

15. El circuito a seguir para la dispensación de un medicamento es:

a) Validación, información y dispensación.
b) Selección, indicación y dosificación del medicamento.
c) Validación, revisión y dispensación.
d) Información, revisión y dosificación.

16. No es una función de la UFPE:

a) Conseguir la adherencia al tratamiento.
b) Asesorar a los técnicos con la finalidad de lograr la máxima adecuación de las prescripciones que se generan en el ámbito hospitalario con la Guía Farmacoterapéutica de Atención especializada.
c) Detectar posibles incidencias o problemas relacionados con el medicamento.
d) Informar sobre el tratamiento farmacológico al paciente (vía de administración, motivo de prescripción, importancia del cumplimiento terapéutico, etc.).

Solución al test n.º 29

1. b) H.

2. c) La dispensación de especialidades de uso hospitalario en las oficinas de farmacia.

3. b) La dispensación al paciente mediante receta médica u orden de dispensación hospitalaria a través de una oficina de farmacia.

4. d) Por sus características, indicación, condición y controles especiales se prescriben, dispensan y administran bajo la responsabilidad de un hospital.

5. a) El RD 1345/2007.

6. c) Enfermos con mala adherencia al tratamiento.

7. a) Requiere cuidados hospitalarios.

8. a) Información sobre el tratamiento y técnicas de educación sanitaria.

9. c) No aparezca en la prescripción médica la fecha de la próxima visita.

10. b) El paciente tiene que esperar.

11. d) Su uso es imprescindible en tratamientos paliativos.

12. a) Fórmulas magistrales procedentes de la oficina de farmacia.

13. a) Hipertiroidismo.

14. b) Hay una prescripción escrita del médico.

15. b) Selección, indicación y dosificación del medicamento.

16. b) Asesorar a los técnicos con la finalidad de lograr la máxima adecuación de las prescripciones que se generan en el ámbito hospitalario con la Guía Farmacoterapéutica de Atención especializada.

TEST N.º 30

Productos sanitarios. Definición. Aplicaciones terapéuticas. Instrumental, definición y tipos. Material para la Administración de mediación

1. Los productos que son artículos y materiales que sirven para: diagnóstico, prevención, control, tratamiento o alivio de una enfermedad se denominan:

a) Productos de ortopedia.
b) Productos sanitarios.
c) Productos de farmacia.
d) Ninguna es correcta.

2. Un producto sanitario tiene como finalidad:

a) Diagnosticar, prevenir, controlar, tratar o aliviar una enfermedad.
b) Diagnosticar, controlar, tratar, aliviar o compensar una lesión física.
c) Regular la concepción.
d) Todas son correctas.

3. Los productos sanitarios son:

a) Cualquier instrumento, dispositivo, equipo, material u otro artículo utilizado solo o en combinación, incluidos los programas informáticos que intervengan en su buen funcionamiento, destinado por el fabricante para ser utilizados en seres humanos.
b) Utilizados para diagnosticar, prevenir, controlar, tratar o aliviar una enfermedad.
c) Utilizados para diagnosticar, controlar, tratar, aliviar o compensar una lesión o deficiencia.
d) Todas son correctas.

4. Los productos sanitarios según su riesgo se clasifican en:

a) Cuatro clases.
b) Tres clases.
c) Dos clases.
d) Cinco clases.

5. Son criterios que valoran el riesgo del producto sanitario:

a) El tiempo de contacto con el cuerpo.
b) La parte del cuerpo con la que se produce el contacto.
c) El grado de invasividad.
d) Todas son correctas.

6. Los productos que entran en el interior del cuerpo y permanecen durante un tiempo prolongado o quedan implantados pertenecen a las clases de riesgo:

a) I y II.
b) IIb y III.
c) III y IV.
d) IV.

7. Los productos destinados a un contacto superficial y poco duradero generalmente entran en la clase de riesgo más baja.

a) Clase I.
b) Clase II.
c) Clase III.
d) Clase IV.

8. Una sonda urológica pertenece a la clase:

a) I.
b) II.
c) IIa.
d) IIb.

9. En función del tiempo de contacto, los productos sanitarios se pueden considerar como:

a) De uso pasajero.
b) Uso a corto plazo.
c) De uso prolongado.
d) Todas son correctas.

10. Las lentes, ¿a qué clasificación de productos sanitarios pertenecen según el riesgo?

a) Clase III.
b) Clase IIb.
c) Clase I.
d) Clase IV.

11. Se considera producto sanitario de uso prolongado el destinado normal-mente a utilizarse de forma continua durante un periodo de:

a) Entre 5 y 10 días.
b) Entre 10 y 20 días.
c) Menos de 30 días.
d) Más de 30 días.

12. Las bolsas de sangre son de la clase:

a) I.
b) II.
c) IIb.
d) III.

13. Señala la respuesta incorrecta respecto a las vendas:

a) Las vendas de soporte son de nailon ligero.
b) Las vendas de soporte se usan para conseguir la retención y control del tejido sin comprimir.
c) Las vendas de soporte se utilizan para prevenir el desarrollo de una deformidad o el cambio anormal de un tejido por tumefacción u otras causas.
d) Las vendas Cambric son de gasa de algodón 100 %, orillada y protegen y fijan el apósito.

14. ¿Qué tipo de vendajes son útiles como sujeción en actividades deportivas ya que se adhieren sobre sí mismos pero no sobre la piel?

a) Los vendajes cohesivos.
b) Los vendajes adhesivos elásticos.
c) Los vendajes de fibra de vidrio.
d) Los vendajes de compresión.

15. ¿Cómo se denomina el accesorio destinado a contener las hernias abdominales?

a) Vendaje.
b) Cédula.
c) Braguero.
d) Suspensorio.

16. ¿Cómo se denomina al accesorio que se utiliza cuando hay afecciones tes-ticulares, del epidídimo o del cordón espermático y actúa sosteniendo el escroto?

a) Vendaje.
b) Cédula.

c) Braguero.
d) Suspensorio.

17. Una de las medidas preventivas que podemos explicar en la farmacia contra las varices es:

a) Lavarse los pies y las pantorrillas con agua tibia para favorecer la vasodilatacion.
b) Evitar el uso de plantillas si se tienen los pies planos.
c) Disminuir la hipertensión abdominal orinando frecuentemente y evitando el estreñimiento.
d) Todas las respuestas son correctas.

18. ¿Qué tipo de medias están indicadas en pacientes con piernas cansadas y en varicosis ligeras e incipientes del embarazo?

a) De compresión ligera.
b) De compresión normal.
c) De compresión fuerte.
d) De compresión muy fuerte.

19. El ángulo que forma la punta de la aguja, que puede ser largo para profundizar en los tejidos o corto para punción de los vasos, se denomina:

a) Bisel.
b) Cono.
c) Aleta.
d) Luer.

20. El extremo de la sonda que queda en el exterior del cuerpo y donde se conectan jeringas, bolsas recolectoras, etc., se denomina:

a) Cabeza.
b) Apéndice.
c) Enlace.
d) Anexo.

21. ¿Cuáles son las sondas que se introducen a través de la uretra hasta la vejiga?

a) Las sondas uretrales.
b) Las sondas vesicales.
c) Las sondas nasointestinales.
d) Las sondas rectales.

22. ¿Cómo se denominan las cánulas de laringectomía que llevan un orificio amplio en la parte superior para poder respirar y hablar por vías naturales?

a) Fonatorias.
b) Fenestradas.
c) Fiadoreas.
d) Abiertas.

23. Recomendaremos evitar el uso del chupete en niños mayores de:

a) Nueve meses.
b) Doce meses.
c) Dieciocho meses.
d) Dos años.

24. ¿Cuál es el término con que se designa a la intervención quirúrgica cuyo objetivo es crear una comunicación artificial entre dos órganos o entre una víscera a través de la pared abdominal, para conducir al exterior los desechos orgánicos, materia fecal o secreciones del organismo?

a) Colostomía.
b) Estoma.
c) Ileostomía.
d) Ostomía.

25. La presión arterial se mide mediante un aparato denominado tensiómetro o:

a) Barómetro.
b) Esfigmomanómetro.
c) Baimanómetro.
d) Presiómetro.

26. Señala cuál de los siguientes métodos anticonceptivos protegen de las enfermedades de transmisión sexual:

a) El diafragma.
b) La esponja anticonceptiva vaginal.
c) El preservativo.
d) El dispositivo intrauterino (DIU).

27. Un producto que penetra parcial o completamente en el interior del cuerpo bien por un orificio corporal o bien a través de la superficie corporal:

a) Producto *in vivo*.
b) Producto invasivo.

c) Producto implantable.
d) Producto reutilizable.

28. El instrumento destinado a fines quirúrgicos para cortar, perforar, serrar, escarificar, raspar, pinzar, retraer, recortar u otros procedimientos similares, sin estar conectado a ningún producto sanitario activo, y que puede volver a utilizarse una vez efectuados todos los procedimientos pertinentes. Se denomina:

a) Producto quirúrgico.
b) Instrumento quirúrgico reutilizable.
c) Instrumento implantable.
d) Ninguno de las anteriores.

29. Las vendas y adhesivos son:

a) Material de cura.
b) Material de sutura.
c) Material no invasivo.
d) Material de protección.

30. Entre las medidas preventivas sobre las varices que podemos explicar en la farmacia, están:

a) Llevar medias de compresión si se realiza un trabajo en el que se está mucho tiempo de pie.
b) Evitar llevar ropa muy ajustada que dificulte el retorno venoso de las piernas, como por ejemplo, fajas.
c) Utilizar plantillas si se tienen los pies planos.
d) Todas son correctas.

31. Las medias de descanso:

a) Son medias de compresión decreciente.
b) Son medias de compresión ligera.
c) Son medias de compresión fuerte.
d) Son medias de compresión muy fuerte.

32. ¿Cómo se denominan los elementos que sirven para alcanzar una cavidad interna con fines terapéuticos o diagnósticos?

a) Sondas.
b) Catéteres.
c) Cánulas.
d) Todas son correctas.

33. En relación a las leches adaptadas, señala lo correcto:

a) Fórmulas adaptadas de inicio (fórmulas 1).
b) Fórmulas adaptadas de continuación (fórmulas 2).
c) Preparados lácteos para niños de corta edad (fórmulas 3).
d) Todas son correctas.

Solución al test n.º 30

1. b) Productos sanitarios.

2. d) Todas son correctas.

3. d) Todas son correctas.

4. a) Cuatro clases.

5. d) Todas son correctas.

6. b) IIb y III.

7. a) Clase I.

8. c) IIa.

9. d) Todas son correctas.

10. b) Clase IIb.

11. d) Más de 30 días.

12. c) IIb.

13. a) Las vendas de soporte son de nailon ligero.

14. a) Los vendajes cohesivos.

15. c) Braguero.

16. d) Suspensorio.

17. c) Disminuir la hipertensión abdominal orinando frecuentemente y evitando el estreñimiento.

18. a) De compresión ligera.

19. a) Bisel.

20. c) Enlace.

21. b) Las sondas vesicales.

22. b) Fenestradas.

23. d) Dos años.

24. d) Ostomía.

25. b) Esfigmomanómetro.

26. c) El preservativo.

27. b) Producto invasivo.

28. b) Instrumento quirúrgico reutilizable.

29. a) Material de cura.

30. d) Todas son correctas.

31. b) Son medias de comprensión ligera.

32. d) Todas son correctas.

33. d) Todas son correctas.

TEST N.º 31

Agencia Española del Medicamento: definición, legislación que la ampara

1. El objetivo de la AEMPS es el de garantizar que tanto los medicamentos de uso humano como veterinario y los productos sanitarios cumplan con criterios de:

a) Calidad.
b) Seguridad.
c) Eficacia.
d) Todas son correctas.

2. El organismo autónomo Agencia Estatal del Medicamento fue creado por la Ley:

a) Ley 9/1995, de 28 de marzo.
b) Ley 14/2000, de 29 de diciembre.
c) Ley 62/2003, de 30 de diciembre.
d) Ley 66/1997, de 30 de diciembre.

3. La Agencia Estatal del Medicamento y Productos Sanitarios fue creada como agencia estatal por:

a) El Real Decreto 276/2007, de 23 de febrero.
b) El Real Decreto 1275/2011, de 16 de septiembre.
c) El Real Decreto 1290/2012, de 7 de septiembre.
d) El Real Decreto 126/2014, de 28 de febrero.

4. La Agencia Estatal del Medicamento y Productos Sanitarios tiene su sede en:

a) Toledo.
b) Zaragoza.
c) Madrid.
d) Valencia.

5. Señala la repuesta correcta en relación a la Agencia Española del Medicamento y Productos Sanitarios:

a) Tiene personalidad física diferenciada respecto de la del Estado, patrimonio y tesorería propios.

b) Tiene personalidad jurídica diferenciada respecto de la del Estado, patrimonio y tesorería propios.

c) Tiene personalidad jurídica no diferenciada respecto de la del Estado, patrimonio y tesorería propios.

d) Tiene personalidad física no diferenciada respecto de la del Estado, patrimonio y tesorería.

6. El objeto de la Agencia Estatal del Medicamento y Productos Sanitarios es el de garantizar que tanto los medicamentos de uso humano como los de uso veterinario y los productos sanitarios, cosméticos y productos de higiene personal, con arreglo a la normativa vigente sobre dichas materias en el ámbito estatal y de la Unión Europea, cumplan con estrictos criterios de calidad, seguridad, eficacia y:

a) Correcta información.

b) Economía.

c) Transparencia.

d) Propiedad intelectual.

7. La Agencia Estatal del Medicamento y Productos Sanitarios se adscribe al Ministerio de Sanidad a través de:

a) La Subsecretaría de Sanidad, Servicios Sociales e Igualdad.

b) La Secretaría de Estado de Sanidad.

c) La Secretaría General Técnica de Sanidad, Servicios Sociales e Igualdad.

d) La Dirección General de Cartera Básica de Servicios del Sistema Nacional de Salud y Farmacia.

8. La Agencia Estatal del Medicamento y Productos Sanitarios actuará basando sus decisiones en el conocimiento técnico y científico, con garantías de:

a) Objetividad y transparencia.

b) Eficacia y calidad.

c) Investigación y docencia.

d) Coordinación y publicidad.

9. Respecto a los datos contenidos en los expedientes relativos a los productos regulados y que se consideren sujetos a secreto industrial, la Agencia Estatal del Medicamento y Productos Sanitarios mantendrá:

a) Mínima difusión institucional.

b) Máxima objetividad.

c) Estricta confidencialidad.
d) Sujeción a los intereses generales.

10. Los actos dictados en el ejercicio de sus competencias por el Consejo Rector de la Agencia Estatal del Medicamento y Productos Sanitarios, adoptarán la forma de:

a) Decreto.
b) Orden.
c) Resolución.
d) Ordenanza.

11. Los actos dictados en el ejercicio de sus competencias o por delegación o avocación, por el Consejo Rector o por el Director de la Agencia Estatal del Medicamento y Productos Sanitarios:

a) Agotan la vía administrativa.
b) Son recurribles en vía administrativa.
c) No agotan la vía administrativa, con excepción de los que tratan materia tributaria.
d) Agotan la vía administrativa, con excepción de los que tratan materia tributaria.

12. ¿Cuál de las siguientes no es una función de la Agencia Española del Medicamento y Productos Sanitarios?

a) Evaluación y autorización de medicamentos de uso humano.
b) Fijación del precio del medicamento.
c) Supervisión de suministro y abastecimiento de los medicamentos.
d) El seguimiento de la seguridad de los cosméticos y los productos de cuidado personal.

13. La Agencia Española del Medicamento y Productos sanitarios es un organismo:

a) Privado.
b) Público.
c) Concertado.
d) Religioso.

14. ¿Qué organismo es el encargado de clasificar los medicamentos como sujeto a prescripción médica o no sujeto a prescripción médica?

a) El Colegio Oficial de Farmacéuticos.
b) La Dirección General de Medicamentos.
c) La Agencia Española del Medicamento y Productos Sanitarios.
d) El Colegio Oficial de Médicos.

15. La ficha técnica de los medicamentos es autorizada por:

a) La Agencia Española del Medicamento y Productos Sanitarios.
b) El Ministerio de Sanidad, Servicios Sociales e Igualdad.

c) La Comisión Interministerial de Precios, del Ministerio de Sanidad, Servicios Sociales e Igualdad.

d) La Comisión Permanente de Farmacia del Consejo Interterritorial del SNS.

16. Entre las competencias de la Agencia Española de Medicamentos y Productos Sanitarios, se encuentra:

a) Autorizar la financiación de los medicamentos.

b) Asesorar al Ministerio de Sanidad, Servicios Sociales e Igualdad sobre los aspectos relacionados con la financiación de medicamentos.

c) Suspender la autorización de comercialización de los medicamentos de uso humano.

d) Fijar, de modo motivado y conforme a criterios objetivos, los precios de financiación del SNS de los medicamentos y productos sanitarios.

17. La Agencia Española de Medicamentos y Productos Sanitarios es la responsable de autorizar:

a) Los aspectos relativos a las garantías de información de los medicamentos.

b) Los textos y demás características de la ficha técnica, el prospecto y el etiquetado de los medicamentos.

c) Las características, extensión, pormenores y lugares donde deba figurar la información de los medicamentos.

d) Las claves que figuren en el etiquetado de los medicamentos.

18. Indica cuál no es un Comité técnico adscrito a la Agencia Española del Medicamento:

a) Comité técnico del Sistema Español de Farmacovigilancia de Medicamentos Veterinarios.

b) Comité de coordinación de estudios post autorización.

c) Comité de medicamentos de uso humano.

d) Comité de productos cosméticos y productos sanitarios.

19. No es un órgano de gobierno de la Agencia Española del Medicamento y Productos Sanitarios:

a) El Consejo Rector.

b) El Vicepresidente.

c) El Presidente.

d) El Director.

20. ¿Cuál es el órgano colegiado de gobierno de la Agencia Española del Medicamento y Productos Sanitarios?

a) El Consejo Rector.

b) La Comisión de Gobierno.

c) La Junta de Gobierno.
d) El Comité de Expertos.

21. ¿Cuántos vocales habrá en el Consejo Rector de la Agencia Española del Medicamento y Productos Sanitarios en representación de las comunidades autónomas?

a) Uno.
b) Dos.
c) Tres.
d) Uno por cada comunidad autónoma.

22. ¿Quién nombra al Director de la Agencia Española del Medicamento y Productos Sanitarios?

a) El Ministro de Sanidad, Servicios Sociales e Igualdad.
b) El Secretario General de Sanidad y Consumo.
c) El Presidente de la Agencia Española del Medicamento y Productos Sanitarios.
d) El Consejo Rector de la Agencia Española del Medicamento y Productos Sanitarios.

23. ¿Cuál es el órgano unipersonal con carácter ejecutivo de la Agencia Española del Medicamento y Productos Sanitarios?

a) El Vicepresidente.
b) El Presidente.
c) El Director.
d) El Gerente.

24. ¿Cuál de los siguientes órganos define la política de calidad de la Agencia Española del Medicamento y Productos Sanitarios?

a) El Consejo Rector.
b) El Vicepresidente.
c) El Presidente.
d) El Director.

25. ¿Cuál de los siguientes órganos aprueba el proyecto de oferta de empleo público de la Agencia Española del Medicamento y Productos Sanitarios?

a) El Consejo Rector.
b) El Vicepresidente.
c) El Presidente.
d) El Director.

26. En la estructura de la Agencia Española del Medicamento y Productos Sanitarios no figura el siguiente Departamento:

a) El Departamento de Medicamentos Veterinarios.
b) El Departamento de Inspección y Control de Medicamentos.

c) El Departamento de Coordinación de Estudios.
d) El Departamento de Productos Sanitarios.

27. ¿Cuántas personas forman la Comisión de Control de la Agencia Española del Medicamento y Productos Sanitarios?

a) 3.
b) 5.
c) 11.
d) 17.

28. La Comisión de Control de la Agencia Española del Medicamento y Productos Sanitarios se reunirá al menos:

a) Una vez al mes.
b) Dos veces al mes.
c) Una vez al trimestre.
d) Dos veces al año.

29. ¿Cuál de los siguientes órganos representa los intereses de la sociedad y vela por la transparencia, objetividad y rigor científico de las decisiones de la Agencia, en materia de comercialización de medicamentos?

a) La Comisión de Control.
b) El Comité de Medicamentos de Uso Humano.
c) El Consejo Rector.
d) El Director de la Agencia.

30. ¿Quién es el Secretario del Comité de Medicamentos de Uso Humano?

a) El Jefe de Departamento de Medicamentos de uso humano de la Agencia.
b) El Jefe de la División de Gestión de Procedimientos del Departamento de Medicamentos de Uso Humano.
c) El Presidente del Comité Técnico del Sistema Español de Farmacovigilancia de Medicamentos de Uso Humano.
d) El Jefe de la división de Farmacoepidemiología y Farmacovigilancia del Departamento de Medicamentos de Uso Humano.

31. Los informes emitidos por el Comité de Disponibilidad de Medicamentos Veterinarios:

a) Son siempre vinculantes.
b) Serán vinculantes siempre que sean preceptivos.
c) Serán vinculantes siempre que sean aprobados por unanimidad.
d) En ningún caso son vinculantes.

Solución al test n.º 31

1. d) Todas son correctas.

2. d) Ley 66/1997, de 30 de diciembre.

3. b) El Real Decreto 1275/2011, de 16 de septiembre.

4. c) Madrid.

5. b) Tiene personalidad jurídica diferenciada respecto de la del Estado, patrimonio y tesorería propios.

6. a) Correcta información.

7. b) La Secretaría de Estado de Sanidad.

8. a) Objetividad y transparencia.

9. c) Estricta confidencialidad.

10. c) Resolución.

11. d) Agotan la vía administrativa, con excepción de los que tratan materia tributaria.

12. b) Fijación del precio del medicamento.

13. b) Público.

14. c) La Agencia Española del Medicamento y Productos Sanitarios.

15. a) La Agencia Española del Medicamento y Productos Sanitarios.

16. c) Suspender la autorización de comercialización de los medicamentos de uso humano.

17. b) Los textos y demás características de la ficha técnica, el prospecto y el etiquetado de los medicamentos.

18. d) Comité de productos cosméticos y productos sanitarios.

19. d) El Director.

20. a) El Consejo Rector.

21. c) Tres.

22. d) El Consejo Rector de la Agencia Española del Medicamento y Productos Sanitarios.

23. c) El Director.

24. d) El Director.

25. a) El Consejo Rector.

26. c) El Departamento de Coordinación de Estudios.

27. a) 3.

28. c) Una vez al trimestre.

29. b) El Comité de Medicamentos de Uso Humano.

30. a) El Jefe de Departamento de Medicamentos de uso humano de la Agencia.

31. d) En ningún caso son vinculantes.

Cómo acceder al Curso

Técnico/a en Farmacia
Test del temario

El uso de los códigos **es exclusivo de los compradores de los productos de Editorial MAD**. Cada producto posee un código único y de un solo uso. Es personal e intransferible y da acceso a servicios y contenidos adicionales. Editorial MAD se reserva el derecho de hacer cuantas comprobaciones sean necesarias para identificar al legítimo poseedor del código y dejar de dar servicio a quien haga uso fraudulento del mismo, además de emprender cuantas acciones legales estime oportunas según la legislación vigente.

Deberás acceder a:

mad.es/registro-campus

Si una vez aceptadas las condiciones de uso del Campus decides hacer uso del mismo, necesitarás del siguiente código de acceso junto con los códigos del resto de títulos que se exigen (si fuera el caso):

CV5QKDGR3E